女性マネージャー育成講座

法政大学ビジネススクール 教授
高田 朝子

言って欲しいことがあれば、
男性に頼みなさい。

やって欲しいことがあれば、
女性に頼みなさい。

If You want anything said, ask a man.
If You want anything done, ask a woman.

マーガレット・サッチャー（Margaret Thatcher）
1965年 5月20日　スピーチの一文
（Speech to National Union of Townswomen's Guilds Conference）より

はじめに「時代を読む」ためのオリエンテーション

「女性幹部を育てろ！」の突然の大号令

ここ数年、「女性管理職」「女性マネージャー」「女性リーダー」などをテーマに講義依頼を受けることが急激に増えています。そしてビジネススクールの授業でもこれらのテーマは、頻繁に取り上げられるようになりました。私がＭＢＡの学生だった20年前には、まったく考えられない事態です。

職場でも女性と男性の差は少なくなってきました。もちろん、職場の種類にもよりますが。女性が経営戦略などにも深くかかわり、重要な意見を述べる機会も確実に増えてきました。改めて女性たちが企業内で活躍できる環境を整えようとする世間の風が吹きはじめているのを肌で感じています。

そのきっかけの一つが「女性管理職を育てろ！」の大号令が管理職や人事部の人たちに対して働きかけられるようになったことです。同時に、男性たちが熱心にこのテーマについて勉強をはじめていることがあるのでしょう。

しかし、女性管理職の育て方にのみ焦点を当ててみると、見える景色が一変します。女性を育てようとするプロセスがまだまだ曖昧で、そのやり方には男性たちの思い込みがチラツキます。女性たちを取り巻く環境と、企業がやろうとしている実態が大きく乖離《かいり》しているのです。でも、それもしかたがないのかもしれませんね。

政府が２００３年に発表した「２０２０年までに女性管理職を30％までにする」の目標が10年近くたち、さまざまな調整を経て、現在では、「女性の活躍推進は成長戦略の要」に据えられました。今まで少数派のいわば、異邦人だった女性管理職が国の政策の重要課題として、突然、脚光を浴び、メインストリームに押し上げられたのですから。

突如、こうして政治によって大きく舵が切られたことで、日本企業は現状11％程度の女性管理職比率を30％にしなければならず、かなり思い切った施策をとることを企業が求められるようになってきたのです。

この条件を満たすには、早急にクリアにしなければならない課題が山積しています。ところが、そこを棚上げして、女性管理職の頭数を増やすことに企業は焦点を当て、動きはじめているのです。その背景には人口減少による労働力不足の問題があります。

企業が動き出したことで、管理職、マネージャーやリーダーという肩書のある女性が周りに増えることは、OECD（経済協力開発機構）の女性管理職比率がアメリカ43・7％、フランス38・4％などと比較しても11・1％と断トツに低い日本にとって、喜ばしいことです。

ところで、「女性管理職比率の問題」を「個人の問題」としてとらえたときに、彼女たち自身が心から喜んでいるのか。そこのところが正直、私には疑問です。それというのも、30代、40代の女性たちと話をするときに、

「上司からマネージャーや部署やチームをまとめるリーダーにならないか、とあなたが打診されたら、本音の部分でどう返事をしたいの？」

と尋ねてみると、

「えっ、断ってもいいのならば、もちろん、やりたくないです。仕事自体は好きですよ。でも、課長や部長になりたいと思ったことがありませんし、まして役員などはもってのほか。仕事の量はもちろんのこと、精神的な負担も含めて責任がこれ以上、増えるのは困りますから」

と、言われることが多々あります。本来、昇進に貪欲であるはずのＭＢＡの学生すらそのような答えをすることがあるのです。こんな気持ちを内心、抱えている女性たちに管理職、マネージャーやリーダーとして活躍してもらいたいなら、彼女たちが抱

える不安要因を正直に打ち明けられる場を設けることが必要です。その上で企業側としては、それに一つずつ説明をし、丁寧に取り除いていく必要があります。

男性側の本音に気持ちを添わせてみると、どうでしょう？

男性たちの周りには同じ管理職という立場で働く女性たちが少なく、女性が何を考え、何を望んでいるのかを皮膚感覚で知る機会が、なかなか見つからないと嘆きます。女心がつかみきれない男性管理職の人たちは、国の方針と女性たちの思いの板挟みの中で、どう動けばいいのか、その方向性がわからず、ただただオロオロしているようにも私には見えます。

ここは組織行動学の研究者として、どうにかしなければならない。そんな思いに背中を押されて、「女性マネージャー論」を本としてまとめてみたいという気持ちになったわけですが、それは私自身が男性社会の中でキャリアを積み、仕事をする上で苦労してきたことも影響しています。20代、30代で純粋に経営学を学びたい、知りたい、社会で力を試したいと望んだのですが、いくつかの高くそびえる社会の壁にぶち当たったことが幾度となくありました。

最初に少し自身のことに触れます。私は大学卒業後、米国の投資銀行の東京支店勤務を経て、日本と米国でＭＢＡを取得。博士課程に進学して学位取得後、都内の大学で学部の教壇に立ちながら母校の慶應ビジネススクール（KBS）にて非常勤で後輩のMBA学生たちを教えました。その後、法政大学のビジネススクールにうつり、経営大学院イノベーション・マネジメント研究科（通称イノマネ）で教壇に立っています。

日本のビジネススクールで社会人学生を教えるという点において、特に女性教員の中では最も長いキャリアを持つひとりになることができました。一方で、プライベートでは、結婚、出産、子育てをしながら社会とかかわりつつも、何度も居心地の悪さや挫折を味わってきました。

まず、慶應ビジネススクールの学生のときは、生後3カ月の長男を抱えながら通学していたので、ワーキングマザーならぬ学生母でした。当時の私が住んでいた地域は、保育所難民多発地帯で子どもを預けるところが近所になく（役所に話を聞きに行ったら、「生活のために働くならまだしも、学校に行くのでは……」と鼻で笑われました）、両実家や年配の友人宅やシッターさんなど我が子を預けられる場所を求めて、赤ん坊を連れて右往左往。その合間に膨大な課題をこなしていました。

KBSの同期が88名、そのうちの10名が女性で、比率で言えば、たった11％。女性でMBAを取得する人がまだまだ珍しく、女性が学びたいと願ってもそれを叶える社会環境が整っていなかったのです。

これが私自身のキャリアを積み上げるまでの簡単なストーリーですが、女性のMBAのことで言えば、最近は、どこのビジネススクールでも女性比率は30〜40%ぐらいですので、この20年あまりで3、4倍になり、女性の学習欲求を満たしてくれる場は確実に増えています。

ビジネススクールだけではありません。4年生の大学に目を移すと大学進学率においても女性の伸び率は、1983年の12・2%から2013年は45・6%と約4倍になりました。法政大学のキャンパスを眺めても女性が男性と確実に肩を並べています。多くの学部で主席卒業者が女子学生であることは、珍しいことではありません。

10代、20代の彼女らには学問においては、すでに男も女もありません。専門知識を身につけた上で、社会に巣立っていく女性たちが増えてきているのですが、これは将来、女性管理職、女性マネージャーやリーダーとして活躍できる素地のある人たちが育つ土壌ができつつあることを意味しているのです。

女性管理職比率を増やそうという方針は、政治主導で外枠から掲げられたとはいえ、素地がある若い人たちが次々と育ってきているのですから、合理的なものと言えます。彼女たちが職場で遠慮なく力を発揮したいと思える環境、人間関係を作っていける環境が今、企業に求められているのだと思います。こんなふうに言うと、

「女性マネージャー問題はわかる。でも、私は人事担当者でもないし、会社の役員でもないので関係ない。私が住む世界から遠いところの話」

と、主張される男性もいるかもしれませんね。でも、説明したように優秀な女性たちが、部下や後輩となることがますます増えてくることは確実です。また、日本企業が世界との経済競争の中で厳しい状況に置かれていくことも予測できます。

そんな中で彼女たちが、仕事で思う存分、力を発揮できるような人間関係や働きやすい環境を用意すること。それは彼女たちが将来、喜んで管理職、マネージャーやリーダーとして育っていくことへとつながります。ひいてはそれが企業の進化、発展していく強い味方になっていくのではないでしょうか。

つまり、今こそ「女性幹部を育てろ！」の大号令をカタチだけでなく、中身のあるものにすることが必要なのです。本書講座では、この答えをあなたと一緒に順序だてて考えていきたいと思います。

平成28年3月吉日

高田　朝子

本講座の「目標」と「エール」

この講座では女性管理職、マネージャーやリーダーについて、経営の立場、企業の立場、そこで働く人々の立場から考えます。彼女たちに何が求められているのか。企業はどう彼女たちを育てるべきなのか。男性たちはどういう覚悟で、女性たちと助け合いながら、同じ方向を向いて進んでいけばよいのか。仕事に果敢に立ち向かう女性たちが組織内で、本来の実力を発揮するためには、企業と上司であるあなたがどうすればよいのかを考えていきます。

男性、女性というものさしではない、それぞれの個性に焦点をあてて、その力を発揮できるように知恵を編み出すのが、「最終到達目標」です。

そのためのしかけ、しくみや心持ちについてヒントが得られるように、諸問題を具体的にしていきます。ただし、女性が優遇されたり、甘やかされるしくみを作りましょう、と提案しているのではありません。

女性部下の育成に悩む男性、もしくは、どのように後輩を扱ったら良いのかを悩む女性上司が、本講座を受講すべき主たるターゲット層です。講座の修了後、あなたなりの育成方法を編み出す一助になれば幸いだと思っています。組織のマネジメントにおいて唯一の正解は存在しません。あなたの置かれている環境で最良の方法を導き出せますように！

目次◆女性マネージャー育成講座

講座3 「昇進意欲」に火はつけられるのか？

講座 1

女性はなぜ、昇進を拒むのか？

「しなやか」「いきいき」の違和感

「女性マネージャー」育成心得

◆ビジネス現場で働く一人として「個性」を活かしつつ仕事に取り組むことを女性に望むなら、具体的な最終形はどんなものか、その到達経路までお互いが確実に理解できるように言語化しましょう。

避けたいのは女性に接するときに、「しなやか」「いきいき」という感性寄りの言葉で片づけてしまうこと。もともと違う背景を持って育ってきた人々に対して言葉を尽くし、コミュニケーションをとることが最初の第一歩です。

◆管理職、マネージャーやリーダーという立場は、仕事の成果や結果で評価されるべきです。あなたが勝手に思い込んでいる「女性らしい」立ち居振る舞いで評価するべきではありません。もちろん、相手が倫理に反するとか、社風と違う振る舞いをする場合は、正すことは当然のことです。自分ルールの思い込みで他人を判断しないという当たり前のことが、こと対女性になると守られていないのが問題なのです。

VOL.
01

「男性のぼやき」と「女性の困惑」

あなたの会社や組織に「女性活躍推進室」という類の部署はありますか？

ぐるりと周りを見渡すと、ここ10年、多くの企業で女性が仕事を続けることを応援する部署が作られ、さまざまな施策がとられてきました。部署は作らないまでも、女性の管理職比率を上げようと、数値目標を掲げる会社も多く出てきました。

それによって「女性のほうが会社では優遇されている、下駄を履かされている」というぼやきを男性から頻繁に聞くようになりました。

まあ、下駄を履かされている、評価が公平ではないという種類の議論は、どのような選抜でも間違いなく聞かれる話なので、ある程度は、しかたがないことですが、気になることがあります。企業に勤める人たちと話していると、

「世間全体の流れで、女性管理職を養成し、数を作らなくてはいけないのはわかります。でもね、おかしいのは、女性管理職について否定的なことを言うと、まるで異教徒のような視線を受けること。これが面倒くさい。だから多少の不条理があっても黙っているんですよ」

という時々聞かれる男性たちの本音です。

ある特定の女性、一個人のことを指摘したのに、女性全体の問題と、とらえられるので、やりにくいと言うのです。一方、女性は、

「女性はずるいよなぁ、評価が甘めで」

という男性の声に対して、

「これはチャンス！　それなら上まで登りつめてやるわ」

というよりも困惑し、

「そっとしておいて欲しい」

と、考える人の方が相対的にみると多いというのが、現在の状況です。

もちろん、この流れをチャンスだと思って、昇進を視野に入れて努力している女性たちもたくさんいます。しかし、残念ながら女性活躍推進が進められていくことに幸運さを感じて、女性が長く働くために作られた制度をすべて使うけれども、まったく仕事の結果を出さない、自分がやるべき義務を果たさないフリーライダーとも言える人々も、一定数いるのも事実なのです。

私はこの男性のぼやき声と女性の困惑はまさに、女性が社会の一線でより多く活躍するための過渡期ゆえの現象で、時代が進み、それぞれが状況に慣れてくれば、希薄化して

いくのだと考えています。逆に言えばこの種のぼやきが出てくるほど、社会が働く女性に対して働きかけを行ったことはいまだかつてなく、私たちの社会が新しい日本の歴史のステージに突入していることの証なのです。

女性リーダー育ては、試行錯誤中

それもしかたがありません。日本は過去70年にわたって、女性管理職、マネージャーやリーダーが圧倒的に少なかったのですから。

ここ最近の取り組みで徐々に女性が多くなってきていますが、管理職は圧倒的に少ない。しかし、伸び率でみると、ここ5年で係長レベルの伸びが一番顕著で、それ以上の役員を目指す位置の女性は依然として全体の4％程度なのです（次ページ参照）。

雇均法施行から30年弱。女性管理職、マネージャーやリーダー育成のためのそれなりの経験値は貯まってきているのは事実ですが、男性に比べるとまだまだ少ない。それゆえ女性管理職育成にさまざまな試行錯誤がなされてきたのです。

現在は過渡期です。私たちは試行錯誤の中で日本にあった女性管理職育成の方法を探しているのです。本当のことを言えば、今まで女性を育ててこようという強い意志が希薄だっ

図表01

役職別管理職に占める女性割合の推移

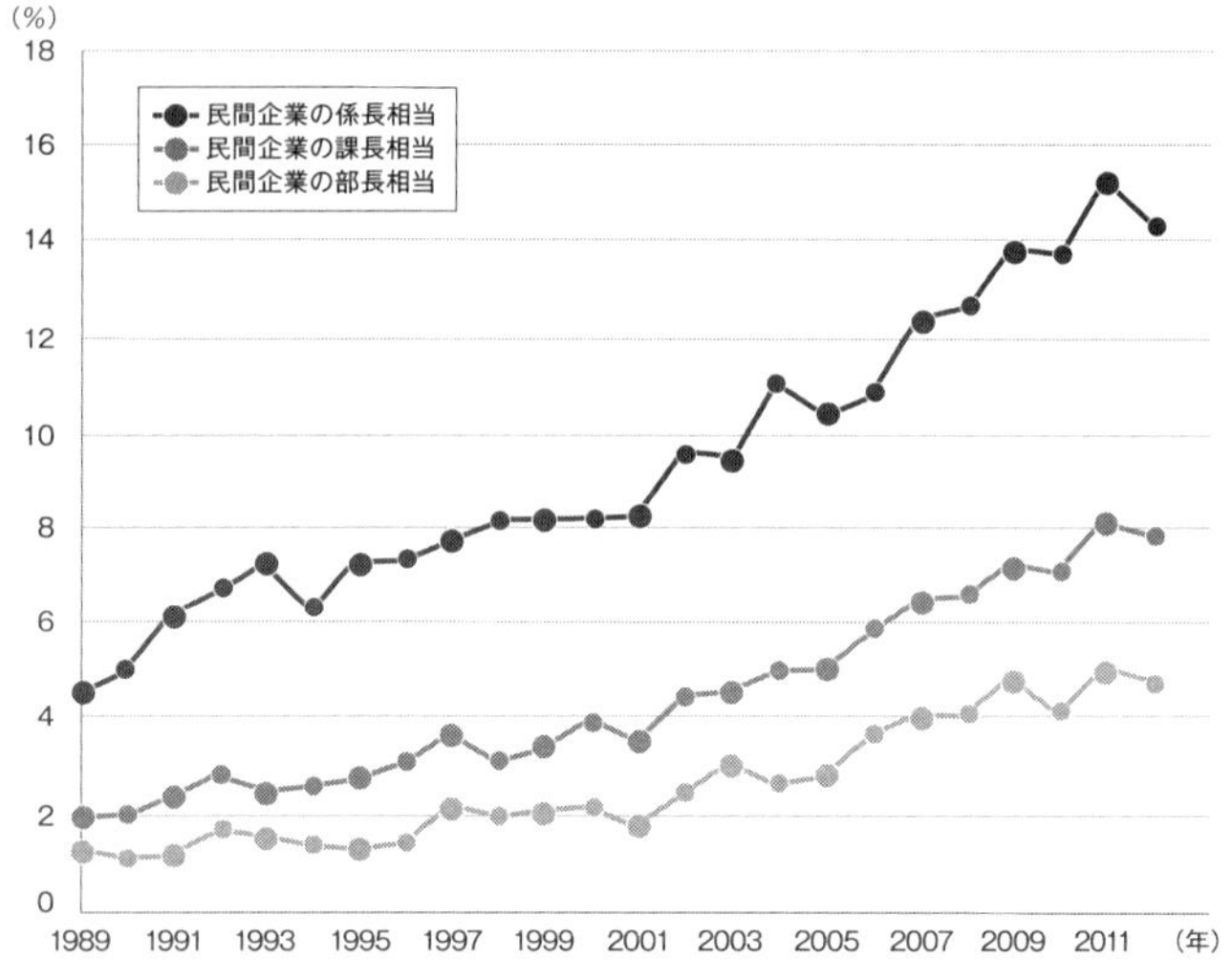

出典:「内閣府男女共同参画局」

図表02

総合職採用者の男女比率

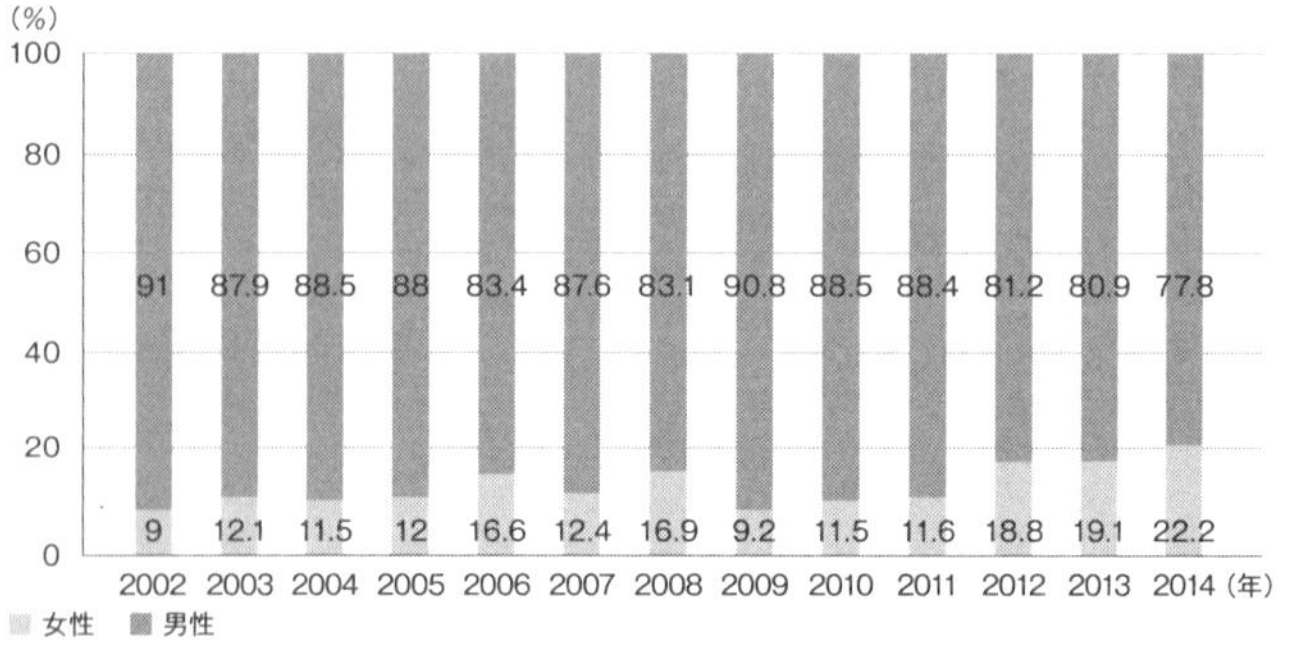

出典:厚生労働省「コース別雇用管理制度の実施・指導状況」

たツケを払いつつ、打率の良いものを探して、七転八倒しているのです。

では、これからどうしていけば、みんなが楽しく働いていけるのでしょう。

私は女性管理職、マネージャーやリーダー育成の一連のしかけについて、二つの方向性があると考えています。一つは、企業の福利厚生システムであるとか、昇進システムといった組織の中のしくみの問題に働きかけること。もう一つは、動機づけとかマネジメント能力といった本人帰属の問題に働きかけることです。

しくみについては、ここ10年で日本企業はかなり確立してきました。具体的には産休・育休をはじめとした各種の制度の拡充・時短や復帰支援を含めたワーク・ライフ・バランス（仕事と生活の調和）に取り組んできました。これは功を奏し、結婚や育児が理由で離職する女性の数が少しずつではありますが、減少してきています。

しかし、二つめの女性が自らのマネジメント能力を育成、醸成し、発揮する場面の教育や経験を積ませることについては、残念ながら発展途上です。そしてこの分野こそが、何か私がお役に立てるのではないかと考えているところです。

次から私たちが日常生活で当たり前のように見ているいくつかの光景をスケッチします。女性管理職に対してどんなステレオタイプ的な枠組みを持っているのかを共有した上で、その奥底に含まれるニュアンスをあなたといっしょに考えていくことにしましょう。

VOL.
02

「しなやかさ」で曖昧になる本質論

女性管理職の育成に対して、国も企業も重い腰を上げて取り組みはじめました。ただ、それが当事者の女性にとって、あまり響いている感じが私にはしません。どうしてでしょう？

私が受け持つＭＢＡの教室で起こったできごとで、忘れられない光景があります。ある地方銀行の女性マネージャーのケース・ディスカッションでのことでした。

「部下の掌握に悩む主人公はどうするべきか」

「周囲はどうアドバイスするか」

というテーマでした。主人公の立場はもちろんのこと、彼女の上司レベル、同僚レベルの視点で活発な討議がされていました。クラスに参加していた学生の年代は28～65歳。性別比は男性6割、女性4割程度です。全員フルタイムの仕事をしている、もしくは、ＭＢＡを目指しながら転職活動中の社会人学生で、熱気のある討論が毎回、楽しみの授業でした。

討議の主軸が、

「部下の気持ちを一つの方向に向けるような環境を作り、実績をあげていくには？」

「行内では珍しい女性マネージャーの立場でどのように振る舞うか？」

という論点になったときのことです。ある男性が、

「マネージャーとして女性はしなやかに振る舞うべき。それが周りを納得させることになります。そのためにも女性らしさを忘れないこと。部下と闘うのではなく、しなやかに仕事をしていくことこそ、少数派の女性マネージャーに求められるし、いきいきと働いていれば、その後の女性社員も続くと思いますが、どうでしょう」

という発言をしたのです。彼自身が、長い間、女性が多い企業で管理職をしていて、その実体験からの発言であり、心からそう思っているのだということは見ていてわかりました。

しかし、それを受けた女子学生たちからは、

「しなやか？　そのしなやかって具体的に何のことですか。主張をしないことを言っているのでしょうか」

「なぜ、前提として女性は調整役なのですか？」

「その発言は、女性が常に二番手であることを強要することにはなりませんか？」

と、彼への厳しい質問の集中砲火でした。この男性の名誉のために付け加えておきますが、普段着の彼は、性別や年齢、国籍などの区別をすることなく、周りの人と接することができる日本のビジネスパーソンの鏡と言える人物です。

ケースリードをする私にとっては、「しなやか」という耳障りのいい言葉に隠された本質を、

女性たちが知りたがり、男性たちも実はあまりよく本質をわかってないという点を整理できたという点で、非常におもしろく、中身の充実した論戦でした。

そもそも銀行内のチームマネジメントの問題を議論しているのに、なぜ、女性のマネージャーとなった瞬間にしなやかとか、女性らしくとか、意味のわからない修飾語がつけられるのか。普段はクールな分析を述べる女子学生にも、「しなやか議論」は琴線に触れ、議論は白熱したのでした。

「マスコミも、ともに職場で働く男性社員もしなやかに振る舞うようにと折に触れて言うが、実際に何を示しているのか、私たちにわかるように説明して欲しい」ということを口々にクラスで求めていました。

マスコミ受けする定番フレーズ

たしかに新聞や雑誌の記事でも、女性が活動するさまに対して、「しなやか」という言葉で表現することが多いように思います。だからこそ、女性たちは、とってつけている感じに辟易《へきえき》しているのかもしれません。

MBA学生以外の、管理職やその予備軍の女性たちともよく話しますが、彼女たちからも「しなやかと言われるとゾワゾワする」という訴えをされることが、かなりの頻度であります。最近のアベノミクスの動きで、世の中が女性管理職、女性マネージャーやリーダーの育成に舵を切りました。育成への取り組み自体はすばらしいものの、その途端に、「しなやかな女性たち」「女性のしなやかな感性」「しなやかに力をつけた女性」などのフレーズが巷にあふれてしまったことが気持ち悪さの原因なのです。

流石の私も「しなりすぎじゃないだろうか」と思ってしまいます。では、「しなやか」という心地よい響きの言葉に覆い隠された中にあるものは、いったい何なのでしょう。

思考と言語というのは多くの場合、密接な関係を持ちます。思っていることが言語として表現される場合が多いのです。定型表現は多くの人がそうあるべきだ、もしくはそうであろうと考えていることの結晶体です。

朝日新聞とアエラ（朝日新聞出版）で、2000〜2014年の間で「しなやか」という言葉が文面で使われたのは3712件、そのうち女性という言葉と一緒に使われたのが795件、男性という言葉とともに使われたのが、273件です。しなやかという言葉は圧倒的に女性という言葉と一緒に使われています。

女性管理職、女性マネージャー、女性の総合職など、男性が圧倒的に多い社会の中で働いている女性の身の処し方を称して、しなやかという言葉は使われる場面が多いのです。

典型的なものをピックアップしてみます。2014年の経団連の広報誌（月刊 経団連出版 2014年12月号）「時代を開くダイバーシティ企業の女性管理職」の特集内で、女性たちへのエールとして、「しなやかな生き方ができる『働く女性』になって欲しい」の記事が大きく取り上げられました。

また、アエラの女性管理職特集には「しなやかに生きる女性」という表現が繰り返し載ります。新聞や雑誌では女性関連の記事への修飾語として、しなやかは定番フレーズです。「経済状況は激変し、働き方も変わる。女性たちはしなやかに変化し、激動の時代をチャンスととらえていた」といった類の使われ方です。ある公的機関の女性対象の研修の参加者募集広告のリードは、「女性の多様な働き方、生き方が共有される時代の足音を聞きながら、迷い・とまどいながらもしなやかに生きること・働くことを考える」です。まさに、しなやか花盛りです。

不思議なことに男性の管理職を称して、しなやかと表現することはほとんどありません。この言葉の使い方が、良いのか悪いのかは、ここでは大した問題ではなく、しなやかで表現されている中身こそが、恐らく女性管理職に対して無意識に周囲が求めている役割分担であり、社会の多くの人が、無意識に女性が取ると好ましいマネジメントスタイルとして、とらえているということです。

VOL.
03

「女性のしなやか」神話

しなやかさの正体は、いったい何でしょうか。言葉そのものの意味は大辞林によると、

① 柔軟で、弾力に富んでいるさま。よくしなるさま。

② 動作・態度に角張ったところがなく、なよやかなさま。たおやかで優美なさま。

です。男性的か女性的かというと、文句なく女性的な様子を表す言葉としては適しているのでしょう。「しなやか」が女性の修飾語以外に使われるのは、「しなやかな肉体」に代表されるように主にスポーツの場面です。

現在、指導的な地位についている女性たちが、自らの身の処し方や後輩へのアドバイスの場面で「男性社会の中ではしなやかに振る舞いなさい」という趣旨の発言をする場面が非常に多い。その意味するところは一つの考えに凝り固まらずに、状況に応じて臨機応変に対応すること、自分だけにスポットライトが当たらないように、周りの人にも手柄がいくように振る舞うことなどを指しているケースが、ほとんどです。

先にあげたケース・ディスカッション授業において、しなやかさの中身について討議をしました。ＭＢＡ学生たちが口角泡を飛ばしながらも行った「しなやかな女性管理職の具

体的な振る舞いはどのようなものか」という議論は、以下に集約できました。

・気配りをしながら仕事を進める
・闘わずして周りを巻き込んで仕事をする（自分が女王様にならない）
・自然体で仕事をしている
・一つのことにこだわらずフレキシビリティが高い
・評価に対してガツガツしていない、少なくともそのように周囲に見せない

「しなやか」が、女性幹部の冠なのか？

しなやかな女性管理職、女性マネージャーといった瞬間にこれらの多くの要素を求められるわけです。冷静に考えると、これらは男女問わず必要な要素でしょう。周りを巻き込むこととか、フレキシビリティとか気配りなど、すべてとは言いませんが、ここであげられている多くは、集団の中で人とうまくやるために必要な要素です。女性だけに特別に必要なものではありません。

しかし、管理職の女性の振る舞いには、判で押したように「しなやかさ」を求める。女性はきっとこのような振る舞いをするに違いないというのは、ある種の男性たちの勝手な

幻想です。その上に「女性」という古典的な性差の枠組みが加わる。

しなやかな女性管理職、マネージャーやリーダーは、決して真正面からごりごりと闘わない、上手に人を動かして目的を達成する一連のマネジメントスタイルを女性に規定しているのです。たとえその女性が、正面から相手と闘いを挑み、論破するのが得意であったとしてもです。

男性の管理職候補生や管理職に対して、「仕事中はしなやかに振る舞え」という種類のアドバイスをするというのは聞かない話です。

本当のところは、しなやかという言葉は語感がよい。そして女性的な意味とフレキシビリティの高い行動のことを示しますし、使ってもクレームを受けないだろうから特に深い意味もなく、何となく使っているだけなのかもしれません。

よくテレビのニュース番組などである話ですが、住宅街で事件や事故がおこると、映像に映し出された景色がどんなにゴミゴミしていたとしても、判で押したように平然とした態度でアナウンサーが、

「事件は閑静な住宅街で起きました」

という、「閑静な住宅街」という枕詞と似ているのかもしれません。

VOL. 04

働く女性が抱く違和感

同様な意味で、女性が働くという場面でよく使われる表現に「いきいき」があります。経団連の女性活躍推進への取り組みを積極的に行っている日本企業の中で、独自の部署、もしくはサポートチームや委員会があるのは、47社中28社あります。そのうちの約半分弱にダイバーシティ（多様な人材を積極的に活用する考え方）という言葉が部署名として使われています。

他で目につくのは「いきいき推進」であるとか、「きらめき」「かがやき」といったひらがなの名称です。今から10年前は「いきいき」というのが、企業の女性活躍推進に関連する活動の名づけの一番人気だったのです。

「いきいき」は、国や自治体の男女共同参画事業のお気に入りの言葉らしく、多くの自治体が女性の就労応援や起業サポート事業にいきいきという名称をつけています。いきいきと働く姿は、人間の就労状態の基本形であるのは間違いありません（前向きな言葉ですし、女性たちを尊重するプラスの姿勢が伝わってきますし、そこをうんぬんと言いたいのではないので誤解なきように）。

人々が責任感、使命感を持って、楽しく仕事をしている様子を男女や老若男女を問わずいきいきと表現します。しかし、女性がより一層、より良く働く場面を作る、もしくはサポートする部署か事業に「いきいき」という言葉をあえてつけるのはなぜなのかをあなたといっしょに考えていきたいのです。

個人的な意見ですが、この言葉を部署やプロジェクトなどに命名した人は、彼女たちがいやいや苦しく働いていると考えているのではないでしょうか。だからこそ、逆説的に女性がいきいき働いて、自分のキャリア形成をし、社会の労働力となって欲しい、というある種の思いを込めてつけているように思えるのは、ひがみすぎでしょうか。

少々話がずれました。さて、先のＭＢＡ学生も含めて女性たちが、「女性管理職の行動はしなやかであるべきだ」という図式に対して違和感を覚えるのは、なぜなのか。

それはしなやかという言葉が、女性が仕事をする場面で使われたときには、二重の拘束性を持つからだと思います。

そもそもしなやかという言葉自体、女性色が強い。つまり、世間一般に考えられる女性らしさの特徴、すなわち従順な、明るい、思いやりのある、優しい、おだやかな、細やかな、などといった振る舞いをすることが、この言葉から無意識に想起されるのです。

そして「しなやか」が仕事の場面で使われたときには、気配りであるとか、調整であるとか、強く主張しないけれども仕事を遂行する姿勢、臨機応変に動くことなどを想起させます。

「しなやか」が無意識に人々に想起させ、規定するのは「司令塔の私についてきなさい」という支配型の行動をとることではなく、周囲の意をくむ調整型の行動をとることです。言い換えれば、仕事の場面での振る舞い方を規定するのです。これが第一の拘束。

その上で、仕事という場面ではすべからく、「満足のいく結果」を出すことが求められます。これが第二の拘束。

つまり、「しなやかに働きなさい」と言ったときに、女性たちは女性らしい振る舞いを求められるのです。

自分でどんどん意思決定することなしに、周囲と調整をしながら細部に気配りをし、なおかつ結果をきちんと出すなどという、何ともむずかしい両立を求められていることになります。

単に結果を出すことだけを求められるならまだしも、その行動スタイルに暗黙の強制をしているのです。この種の拘束を男性マネージャーが受けることはありません。これが恐らく、しなやかという言葉に対して、多くの働く女性が抱く違和感の正体なのではないでしょうか。

あちらが立てば、こちらが立たず

組織行動学の視点から分析してみましょう。

「しなやかでありなさい」、そして「結果を出しなさい」という二つの周囲からの期待でまじめな女性管理職は、ダブルバインドの状況におかれてしまいます。

ダブルバインドとは、相反する内容の指示やメッセージを相手に発することで生じる状態です。平たく言えば、「あちらが立てば、こちらが立たず」というような矛盾する二つの命令を受けることを指します。

その場から抜け出せない状況で重要な相手から、あるメッセージと、これに矛盾するメタ・メッセージを同時に受けとり、そのメッセージを否定したり、無視したりできない状態にあることです。

ベイトソン（Bateson　１９５６）は、この種の状態の恒常化が統合失調症の発生原因の一つと指摘したことから、多く研究されるようになりました。ダブルバインドは、モチベーションの低下に直接影響を与えます。

企業の中で発生するダブルバインドの状況についてもう少し例をあげましょう。

ではここで、一人の上司と一人の部下をイメージしてください。

もし、上司が部下に向かって、

「自主的に行動しなさい。自主的にやってこそ一人前だよ」

と言ったとしましょうか。

部下はその通りに、一生懸命になって自分で考えて新規の案件を成立させようと、積極的に活動したとします。すると、上司は、

「きみは、私から言われて一生懸命働くようではダメなんだ。もっと自主的にやらないといけないね」

と言って部下を責めます。部下は自主的にやっても怒られ、やらなくても怒られ、どちらに転んでも結局は怒られるわけです。いわば二重に拘束された状態です。このように言われれば、当然のことながら、やる気は低下します。どうせ何をやっても怒られるのだからと、積極的に何もやらなくなっていくのです。

人間として自然な反応です。これが積み重なると、組織が停滞する典型的な症状に陥るわけですね。女性に

「しなやかに振る舞え」

というのは、ダブルバインドの状況を作りやすいのです。

「しなやかに仕事をして、きちんと結果を出します」

これを多くの人が女性管理職らしい行動だと思っているとすれば、人を立てる、譲る、気配りをしながら、フレキシビリティを持ちながら、ガツガツしない態度で臨みなさい、という実にむずかしい行動を求めているわけです。

もっと悪いことに、時々「いきいきと働きなさい」などという余計なひと言までついてきているのです。

「どんなカタチでもよいから結果を出しなさい」

と、言われるのならまだしも、しなやか、いきいきなどと振る舞うようにと、さまざまな規定を第三者がつけた上で、成果を上げることを強く要求していることになります。それに対して女性たちは、

「結局、私たちにどうしろというの！」

と困惑し、反発心がもくもくと湧き上がってきます。女性登用の波に、今ひとつ乗ろうと思わない原因の一つがここにあり、それが、女性活躍推進の現状なのでしょう。

もちろん、ここ最近の動きとして、あまり関心が払われなかった女性に対して、関心と視線が集まっているのは素晴らしいことです。

しかし、違った方向で女性たちにプレッシャーをかけ、彼女たちのモチベーションを下げることは、本末転倒なのではないでしょうか。

VOL.
05

「うちの女の子」が競争相手?!

「うちの……」に求められるもの

ここでは女性たちの立ち場から一連の女性管理職、マネージャーやリーダー育成の動きを見ていくことにしましょう。

日本の企業には、なぜか女性社員のことを「うちの女の子」と表現する慣習があります。さすがにウーマノミクス〈Woman〈女性〉とEconomics〈経済〉の造語〉の流れに乗り、少なくなってはいるでしょうが、いまだに耳にすることがあります。事実、私の関係する仕事先でも、

「うちの女の子を研究室に取りに行かせます」

と男性管理職から連絡があり、女性が〈別に女の子という年齢ではなかったですが〉、書類を取りに来てくれたり、何らかの雑用をしてくれたことが何度もありました。

これは非常に不思議な光景です。英語には「うちの女の子」という表現はありません。ベタに「my girl !」などと言おうものなら、あっという間にセクシャル・ハラスメントで訴えられます。外資系の企業では「うちの女の子」の代わりに、「秘書」とか「アシスタント」と

か役職名で表現します。

「うち」は日本人の持つ会社への強い帰属意識と言われてきました。事実、ＭＢＡの教室でも、すでに退職した、かつての勤務先のことを「うちの会社」と呼び続ける人が一定数いて、もう辞めたのだろうに、と不思議な感情を持って眺めることもしばしばです。

同様に、日本企業は若手の男性のことも、「うちの男の子」と表現します。これは若手で経験の少ない男性社員のことを指す場合がほとんどです。それに比べて「うちの女の子」の場合は、年齢層が非常に幅広いのが不思議ですが——。

つまり、女の子にせよ、男の子にせよ、その言葉を発している人が、相手を自分よりもキャリアが短い、もしくは、意思決定権限範囲の少ない人間と判断した場合に、これらは使われます。組織内（うちの中）の指示命令系統で自分が上位にあり、相手が指示を聞く相手にのみ使われると言ってもいいでしょう。

他人を男の子、女の子と呼ぶことに対して、個人的には「センスがないなぁ」「このご時世に女の子フレーズを人前で使って、どれだけ古い考え方なんだろう」などと思うことはありますが、特に面と向かって否定したり、反論したりするつもりはありません。

「女の子扱い」は、女性が長い間責任のあるポジションにつくことがなかった時代の遺物なのだと考えていますが、それが現存していることも現実なのでしょう。

では、社内で「女の子」の求められる要素は何でしょうか。
MBAの教室で学生たちから常に出るのは、だいたい次のことに代表されます。

・従順である
・上司を立てる
・指示を先回りして一歩次のプロセスの用意をする
・繁雑な事務をミスせずにこなす
・男性社員が仕事をしやすいように細かい事務処理を行う
・客先との円滑なコミュニケーションで情報を得る
・部署内のコミュニケーションの潤滑油となる

これらすべての要素を満たしている必要はないようですが、こう書いてみるとかなり幅広い仕事を「女の子」はやっています。平均すると日本の事務作業は質が高く、よく網羅され、きちんと作業がこなされてきました。

日本企業の成長の背後には、緻密な事務処理が常にありました。これは「女の子」たちの多くが、まじめに仕事に従事していた結果です（中にはとんでもない人もいるのは、世の常ですが）。

「女の子」は上司の指示のもとに、割り振られた仕事を漏れなくやり遂げる。もしくは優秀な場合は求められている以上の仕事をやることが求められます。そして、周りの（特に営業や企画を行っている男性社員たちの）仕事をサポートし、チームの目標に向かって、上司の言うとおりに機能することが重要です。基本的には上司やチームメンバーの男性が仕事をしやすいような環境作りが、彼女たちの仕事なのです。男性のコンペティターではありませんが、チームの重要な一員であり、ムードメーカーとして庇護される立場にあるのです。

修羅場の数がものを言う？

ところが、「女の子」の立場を離れて、管理職、マネージャーやリーダー候補となると、まったく求められるものが違ってきます。この立場になると、目標を達成して結果を出すこと、チームを引っ張っていくこと、部下を育成していくことが、どんな場合にも求められます。自分が上司ですから、進むべき方向性を自分から見いだして、戦略を立て、実行することが、不可欠です。

これらは仕事のできる「女の子」が求められてきた要素とまったく違うものです。女の子が求められるのは、指示に基づき着実に言われたことを実行すること。戦略力であるとか、企画力はあまり求められません。

これが、管理職やマネージャーやリーダーになると指示に基づき実行することや、部下をサポートすることは当然のことですが、しかし、それよりもむしろ、自分で事業を作り出すことや部下を導くことの方が重視されます。

これらの能力を身につけるためには、管理職への道のりの中で多くの修羅場を経験し、自分の処理能力を上げ、実力を高め、社内外にそれなりのネットワークを持っていろんな知恵を集める体制を構築しておくことが不可欠です。

一般に「男の子」から管理職への道のりは、一定のキャリアパスがあったり、その中で自然と自分を伸ばす修羅場の経験があったりで、仕事をしながら自分も成長し、同時に社内外に知恵袋になるようなネットワークを構築して成長していきます。ですから、管理職になったときに、それなりの戦略力がついている場合が多いのです。

「女の子」の場合は、基本的に一歩引いて男性の行う仕事の側面攻撃をすることが長い間、求められてきました。

ですから成長に必要な修羅場を経験して来ませんでしたし、必要なネットワークも構築しきれていないケースが、今のところ多いのだと感じます。

「女の子」が突如、「競争相手」に変貌

女性が、「女の子」の領域を出て自発的にせよ、指名されて仕方なくにせよ、管理職を目指すようになった際のなにより大きな変化は、男性にとっては管理職という少ない牌《ぱい》をとるための競争相手となることでしょう。庇護された立場から、あからさまに対立もしくは競争する立場となる。この変化は実に大きいことでしょう。

今までインタビューをしてきた女性の管理職、マネージャーやリーダーの多くが、この「女の子」から「競争する相手」になったときに男性の態度の変化を最もつらかったことにあげる人が、非常に多かったのが印象的でした。ある人は、次のような話をしてくれました。

S子（メーカー勤務　マネージャー）

抜擢されて管理職になったわけですけれども、一番大変だったのが今まで私のことを〇〇ちゃんと呼んで、いろいろと教えてくれた男性の先輩が、突然、自分の部下になってしまったときでした。私の前では何も言いませんでしたが、他の人に『ありえない人事！』と愚痴を言っていたらしく、それを聞いたときには何とも言えなくなり、それからぎくしゃくしています。

最も困ったのが、今までその人から100の情報をもらっていたとしたら、それが突然、ぷつんと切れてほとんどなくなってしまったこと。当然と言ったら当然かもしれませんが、非常に悩みました。それまでも総合職でしたが、どちらかというとサポート業務のほうが多かったからです。

R美（金融　課長）

まあ、管理職の立場についてから、もちろん私もそれなりに数字をあげるようになりましたが、その先輩がどう思っていたのかは、いまだによくわかりません。管理職になって困っているのは、管理職同士で横のつながりも少なく、わからないことを聞きたいと思っても、教えてくれそうな人もいなくて……。

『女はいいよな』と聞こえよがしに言われたこともあります。部下にもガツンと言うことができなくて、言うぐらいなら自分でやったほうが早いと思ってやると、部長からは『それはきみの仕事ではない、もっとうまく部下を使って！』と叱られます。本当に会社を恨みました。別に役職など、つかなくてもいいのにと。今はそれなりに慣れてきましたが……。

男性の競争相手になった瞬間に、女性は会社の中の少数派であるという存在を嫌というほど感じるわけです。悩んだ際に相談できる、似たような立場にある人が近くにいれば、愚痴を言ったり、アドバイスをし合い、心の負担を減らす行動もできます。

しかし、女性の管理職、マネージャーやリーダーは少数派。近くに同性はいても同性の同職位は少ない。また、社内で注目されているという余計なプレッシャーもあるのでしょう。男性だったら似たような立場の人間がごろごろしているので、疑問に感じたり、わからないことはいくらでも聞けるし、グチも言い合える。

加えて、女性の場合は自分のマネジメントスタイルなり、やり方なりを確立しようと悩んでいると、波動攻撃のように周りからは「しなやか」に「いきいき」振る舞うことを強く求められます。こうして非常に生きづらくなることが多いのです。

もしも、本気できちんと仕事をし、文字通りいきいき働く女性管理職を育てたいとあなたや会社が思っているならば、この彼女たちの苦しさを減らすように早急に手を打ったほうがよいのです。それには会社全体として、今までの考えと違う視点を持つことです。

あっ、そうだったんだ！

未来を過小評価する「双曲割引の意思決定バイアス」

すべての人間が持つ意思決定行動としての「先延ばし」。どこでも見られる現象ですが、特に多く見られるのは「部分」を変化させるのではなく、「全体」を変化させる必要がある事柄に対し、人間は「先延ばししよう」とする傾向が強くなります。

この際、直近のことを過大評価し、未来を過小評価することを双曲割引の意思決定バイアスと呼びます。

具体的には、「今はできないけれど、未来だったらできるに違いない」と希望的観測を持ち、未来のことを勝手に過小評価してしまうことです。現状でむずかしければ、未来もむずかしいのは当然のはずです。しかし、「未来にはきっとできる」と先延ばししてしまう。これに加えて、厄介なのは、「つつがなく」という発想です。

「つつがなく」と「先送り」は最強のタッグです。失敗して業績の汚点とならないように任期中はおとなしく、つつがなく過ごし、先に送る――。現状では成功はむずかしいが、未来に、きっとやり遂げられるスタッフと社会環境に恵まれる。そのときのためにやらずに取っておいたほうが全体にとっても幸福だという思い込みで、自分を正当化しているのです。

女性管理職を増やすということも、実は長い間、先延ばしされてきました。ところが、労働人口の減少がそれを許さなくなりました。今、つつがなく先送りできなくなり、国中でもがいていると言ったら意地悪でしょうか。

講座2

女性の声に耳を傾けよ

マインドセットを変えよう

「女性マネージャー」育成心得

◆現在は過渡期です。すなわち試行錯誤をみんなが行っている時期だと自覚して、「女性ならこうあるべき」という枠組み――マインドセット――を停止して、事態を眺めると、今まで見えなかった彼女たちの本音やどうありたいと考えているのかが、少しずつ見えてきます。そのためには、思い込みをやめて新しい視点から彼女たちの育成を考えることが求められます。

◆女性たちの課題は、「仕事はしたいけれど昇進はしたくない」という層があまりに多いことです。この不安を払拭するには、昇進した先にある風景がどんなもので、昇進すると何が違ってくるのか。その風景を彼女たちに提示し、創造するヒントやメニューを用意するのが、あなたの仕事なのです。

VOL. 01

マインドセットを変えよ

女性たちが自分の力を発揮し、自分らしく管理職、マネージャーやリーダーとして働くにはどうすればいいのか。「結果としてどう意味づければいいのか」を示す、インプリケーション（結果として生じる影響）を考えていきましょう。

ここには、勝利の方程式のようなものはありません。ビジネススクールなどの学問が提示できるのは、あくまでも考え方の枠組みや実現可能のための大まかな道筋とアイディアの種子。あなたの思考実験の一つの材料だと思ってもらいたいのです。

それをビジネスの現場で実行し、試行錯誤し、あなたとあなたの職場により合致した施策、あるいは具体的な解決策を見つけていくために、この講座をうまく活用してもらいたいのです。

さて、管理職、マネージャーやリーダーという言葉にわざわざ女性という性別の特定がつくと、なぜか、行動に「女性ならでは」の枠組みがつけられます。それによって行動に移すのが息苦しくなることはすでに説明しましたが、この枠組みを「マインドセット」と呼びます。

マインドセットは、こうあるべきだというものの見方や考え方、行動の規則のことを指します。

「時間がかかる」ことを前提にする

本来の自分らしさを活かせるような女性管理職、マネージャーやリーダーなどを育成するために一番重要で、かつ最もむずかしいのは、働く人たちの仕事に関する考え方、気持ちや意識を変える、つまり、「マインドセットを変える」という部分です。人を性差という偏見を持たずに能力で見るというのは単純なことですが、非常にむずかしく、時間がかかります。

人間の変化のプロセスについては多くの研究がなされていますが、結論的に言えることは、人は1日で目から鱗が落ちたように変化することは、ほとんどないということでしょう。マインドセットの変化には、時間がかかるのです。

思い出してみてください。

あなたの人生で、1日で信じていたものがまったく180度変わったという経験はありましたか？

「えっ、失恋をした？　離婚した？」

なるほど、それは確かに大きなできごとでしょう。

しかし、別れを切り出された瞬間から急転直下に、相手を憎み出す人は非常にまれです。数日、数週間、落ち込み、悩み、苦しみ、その後に愛が憎しみに変わることはあるかもしれませんが、必ずある程度の心の過渡期はあったはずです。

「そんなはずはない。だって、人は熱しやすく冷めやすいと言うではないか。第二次世界大戦に負けて、それまで鬼畜米英と罵っていたアメリカを一転して友好国として賞賛しているではないか」

と言われるかもしれません。その事実は私も認めます。

しかし、敗戦の翌日から

「アメリカ、バンザイ！」

となったわけではなく、かなり月日が経ってから徐々に変化してきた結果です。人の変化には時間がかかります。マインドセットの変化には、過渡期が必要なので、このことを前提にすることが大切です。

VOL.

02

解凍、移動、再凍結の道筋を学ぶ

女性管理職、マネージャーやリーダーについても同様です。「ウーマノミクスの時代」と言われ、長い歴史を経てしばらく女性にスポットが当たってきた現代と言えども、日本では企業が本腰を入れはじめてから、たかだか10年程度の歴史しかありません。

まさにマネジメントの、いいえ、経営学の最前線において、女性の登用という課題は、試行錯誤の状態であり、今は過渡期なのです。過渡期は次のステージに向かうための、踊り場の時期。これまでの価値観や習慣が変化し、マインドセットの再編成のために新しいものと古いものが入り乱れているのです。

人間や組織の変化プロセスについて、レヴィン（Levin 1947）が提示した理論「解凍、移動、再凍結」という変革モデルがあります。これは人間の態度変容から組織変革までさまざまな場面で使われるビジネススクール御用達の理論の一つです。

人の心理や行動の変化は、時間がかかることを示したもので、このプロセスをレヴィンは3段階にモデル化しています。

まず、変革モデルの一番最初に出てくる「解凍（unfrozen）」のプロセスは、変化を必要と感じ、旧来のマインドセットや物事のやり方を変化させようとする推進力が増している状態です。さまざまな刺激を受けて意識が解凍されていきます。この時期は、もっとも不安定な時期で新たな行動の規則を探っている段階です。

個人の場合であれば、この時期にある種の気づきがあり、悩みながらも変化しようとします。組織であれば、新しいことに取り組んだり、一部の人が意識を変えている段階となります。

この際に必ず抵抗が起こるものです。社会的慣習や習慣の変化を嫌う力、変化によって現状のパワーバランスが壊れることを嫌う力が、揺り戻しに動くのです。現行の価値観から離れた方向に行こうとすればするほど、その抵抗は大きくなっていきます。

次に、人の気持ちが変わっていく段階が「移動（moving）」のプロセス。何をどうするべきかという選択肢を検討し、実行する移動の時期です。新しい価値観を受け入れ、新しいマインドセットを作るために、行動の規則の再編成、試行錯誤をはじめます。この際に、一時的に混乱状態、カオス（混沌とした状態）が発生します。

組織では、多くの人がそれぞれのやり方、考え方でもがいている状態だと言えるのでしょう。当然、変化に反対する抵抗勢力の活動が活発化し、それへの対応も迫られ、最も忙しい時期です。

その後、自分たちなりの新しい行動の規則が固定化され、新しいマインドセットとして「再凍結（refrozen）される」の時期となります。この時期は導入した新しい行動の規則を組織構成員に定着化して、それを慣習化する段階。新しい行動の規則を定着させるために、強化、奨励する環境を作ることが重要と言われています。

今は解凍から移動の時期

今回のテーマである女性管理職の育成について言えば、現状は「解凍から移動の時期」にさしかかり、さまざまな混乱が発生している段階です。これこそマインドセットの再編成の時期であり、過渡期そのものです。個人単位で言えば、きっかけさえあれば、もっとマインドセットの変化の速度が速くなり、事態は進行します。

たとえば、ある女性が単なる男性の補助職で自分は十分だと思っていたのが、何らかの契機で意識が変われば、そこから解凍、移動がはじまり「私は将来、女性初のトップを目指す！」というマインドセットに再凍結するかもしれません。また、自分は移動の最中という人もいるでしょう。

一人ひとりを見て行けば、少しずつ変化しているわけですが、そうは言っても、組織全体の変化で見ていくと、変化が多くの組織メンバーに行き渡るまでには時間がかかります。ある男性は、「女の子」は補助的な仕事をしていればいいと心底思い、解凍さえもはじまっていないと考えているかもしれません。また、中には男性だろうと、女性だろうと、能力のある者を育てていくという意識の人もいることでしょう。

ある人は、企業が本腰を入れて女性管理職、マネージャーやリーダー育成を言い出したので、乗り遅れてはいけないと、自分の心に折り合いをつけながら女性の部下のキャリア指導をはじめているかもしれません。

いずれにせよ、この時期に新しい行動の規則、すなわち女性管理職育成についての広範囲、大深度のノウハウを社会で共有し、次につなげていくことで新しいカタチに再凍結することが可能になるのです。

抵抗勢力との闘いの真っ最中

解凍、そして移動の時期は、組織の場合、抵抗勢力が保守退嬰《ほしゅたいえい》（変化を好まず従来のやり方をそのまま固持する行動）にむけて活動を活発化する時期です。平たく言えば、新しいものは嫌だから昔のカタチを維持しようとする反対勢力が大騒ぎする時期なのです。

人間の得意技に先送りがあると、すでに説明しましたが、先送りは基本的には保守退嬰行動の一部です。これは「新しいことをせず、とりあえず折りが来たらやりましょう」として棚上げする行動だからです。変革の時期は、この種の活動が驚くほど活性化します。

もしも、あなたが女性管理職、マネージャーやリーダー育成の旗振り係である、もしくは真剣に会社に女性管理職、マネージャーやリーダーの増加を訴えたいと思っているのならば、この時期に重要なのは、一にも二にも多くの人を巻き込むこと。トップを含めた組織の上層部を抵抗勢力にしないということでしょう。

現在、国や社会からの要請で女性活躍推進とか、女性登用の波が押し寄せていて、本心から女性に重要な仕事を任せようと思っていない役員たちも、表だって反対を表明できない状況にあります。それはそれで善しとした上で、あなたの考えを示し、女性登用の流れがどの方向に向かっているのか、向かいたいと思っているのかについて、情報共有を怠らないことです。

人間は未知の事柄を非常に恐れる生きものです。ましてや自分の生きてきた人生において関連が少なかった事象の発注に対して防御しようとします。年配になればその傾向が増していきます。どの方向に行きたいと思っていて、ロードマップ上のどこにいるのかをトップはもちろんのこと、多くの人に公開し、共有することが非常に重要です。

人間は時間が経てばできるに違いないとか、時間が解決してくれると曲解しがちです。未来のことを割り引いて考えてしまうのです。ですから、そのバイアスを元に戻すことが求められます。

女性管理職、マネージャーやリーダーを育てるということを今こそやっておかなければ、未来に突然、人の気持ちが変化することはありません。その点をそれぞれが自覚することが不可欠です。そのためには観念的な言葉ではなく、具体的に自分たちが将来、どのような姿になるべきかを表現し、共有すること。加えて自分たちが、現時点でどこにいるのかを繰り返し示していくことが必要なのです。

具体的には、トップから女性の管理職養成に本腰を入れることの表明と、そのための数値目標なり、ロードマップを示してもらうことでしょう。

何度も繰り返していますが、人の育成には時間がかかるものです。具体的、現実的で、達成可能な数値目標を年単位で示すことが必要なのです。そして、年度が終わったときに検討し、達成していない場合は、最優先で行動計画を明らかにすべきです。

また、社員全員が嫌でもその渦に巻き込まれるように、部下を持つすべての上司の人事評価項目に「男性と女性の部下の育成」と入れること。そこまでやると否が応でもこの問題にコミットメントしなくてはいけなくなります。

VOL. 03

昇進することに興味がない

さて、女性たちに視点をあててみましょう。注意すべきは、多くの女性が管理職、マネージャーやリーダーになることに関して、前向きではないということです。

いやいや昇進するのではなく、昇進したとしてもその中で彼女たちなりのやり甲斐や仕事をする意義を見つけなくては意味がありません。

実際のところはモチベーションが高く、男性と同等にバリバリ仕事をして、役員になりたいと思っている女性ばかりが、社員の中にいるわけではありません。むしろ、この種の人があまり多くいすぎたとしたら、組織全体のチームワークや団結力という点ではプラス効果は少なくなるのかもしれません。

いずれにせよ、全員が同じ思考パターンか信条を持っている組織集団はないと思ったほうがいいのです。バリバリ型は少数派で、生涯「女の子」の扱いを求め、正社員であれば満足であるという女性も一定数いるのが現実です。

ここでは、このような集団をどうマネジメントしていくのかが、重要なポイントになるのです。

「能力×昇進意欲」で仕事のタイプを4分せよ

こんな図表（03を参照）を書いてみました。

縦軸に女性の昇進に対する意欲度を、横軸に能力をとったものです。女性は4種類に分類できます。

分類と言っても、これは血液型やDNA配列のように、確定的なものではありません。便宜的に外部の視線からこの瞬間の彼女たちを分類したものです。

右上は能力が高くて、昇進欲も高いグループ。これは今のところ女性活躍推進の流れに自ら身を任せてバリバリ仕事をしていく、企業人事的な視線から言えば、問題がない人たちです。昇進することに対して躊躇《ちゅうちょ》もありませんし、積極的です。彼女たちを組織の達人と呼びましょう。

右下は能力が高くて昇進欲が低いグループ。これが現状では最も多いグループでしょう。彼女たちの得意な言葉は、「仕事は好きだけれど、管理職になることには興味がない。自分の仕事を極めて自分の時間を大事にしたい」です。

ある種の職人肌できちんと仕事をしますが、組織で昇進することには躊躇している人たちで、いわば必殺仕事人です。

図表03

女性管理職の4分類

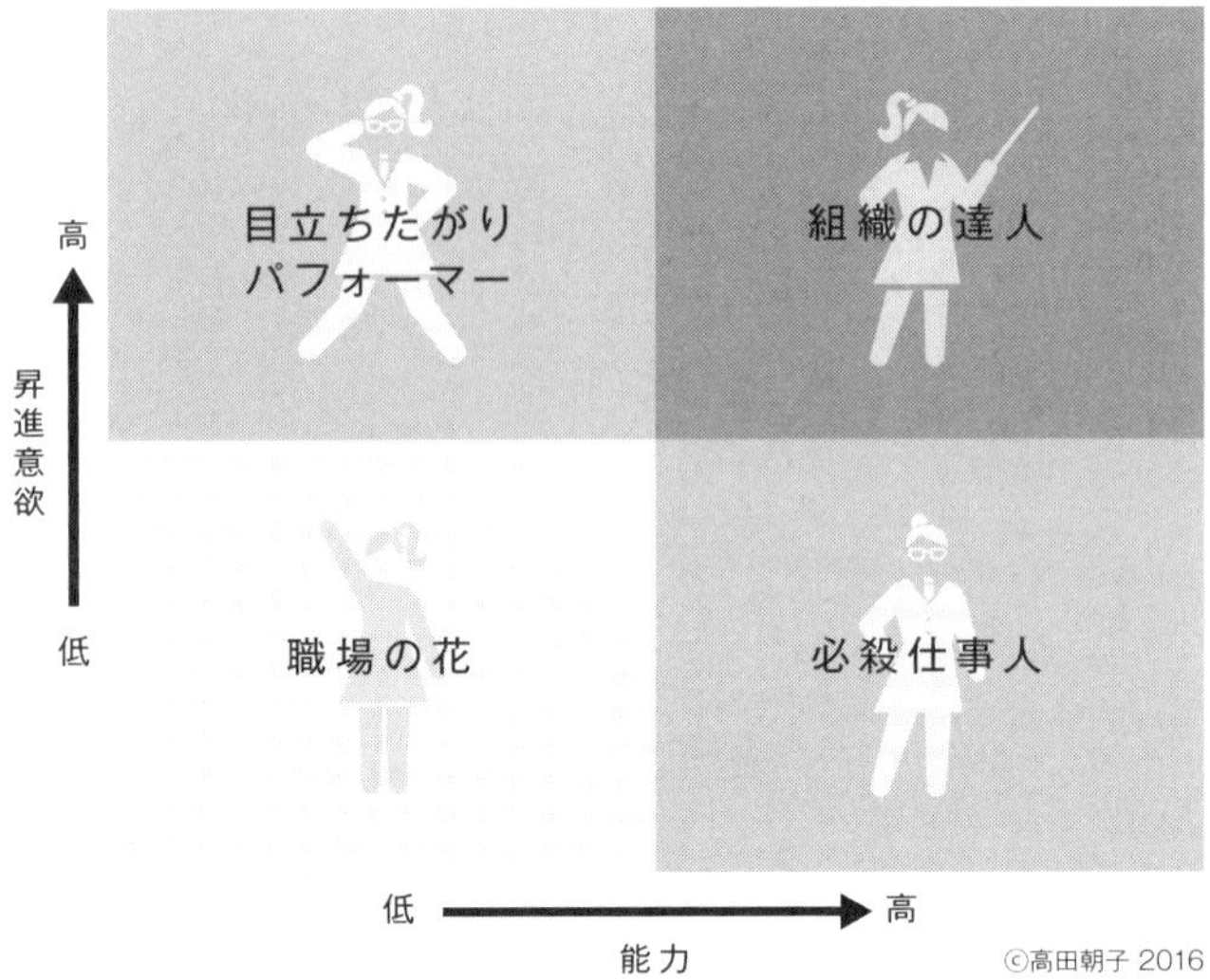

分類	現状	目標
組織の達人	1割	2～3割
必殺仕事人	6割	5～4割
目立ちたがりパフォーマー	1割	2割
職場の花	2割	1割

左上が能力は低いが昇進欲が高いグループ。「私が、私が」と前に出ることを好みます。これは多くの場合、組織内にトラブルを引き起こす火種になります。ただ、このグループの人はもともと動機づけが高い人たちですから、何らかの契機で右の組織の達人にシフトすることもあります。

この人たちを目立ちたがりパフォーマーと名づけましょう。能力が低いと現状評価されているのは、ひょっとしたら置かれている場所が合わないだけなのかもしれません。

左下は能力も昇進欲も低い人たちで、これは管理職、マネージャーやリーダー育成という観点からは、残念ですがあまり重視されません。生涯「女の子」扱いだろうと思われるグループです。

ただし、動機づけという観点からすれば、ひょっとしたら化ける可能性がないとも限りません。また、部署が変われば能力を発揮することもありえます。とりあえず彼女たちを職場の花グループと呼びます。

繰り返しますが、これは彼女たちのキャリアにおいて、確定的では決してありません。

各グループの成員は時間の経過とともにさまざまな方向に移動していきます。移動に対しての規則性はないものと考えています。

たとえば、組織の達人がモチベーションの低下により職場の花になることもあるでしょうし、家庭を持ち両立を図るのがむずかしく、ペースダウンを計って必殺仕事人となることもある。目立ちたがりパフォーマーが、実力をつけて組織の達人にシフトすることもあるでしょう。

逆もまたしかりです。重要な点はどんなカタチであれ、女性が仕事を続けてこの図表の中に存在できるようにすること。そして可能であれば、なるべく職場の花の数を減らすことなのです。

しかし、職場の花がまったくいなくなってよい、というのではありません。ムードメーカーなり補助的役割の人は、組織には必要だからです。

「必殺仕事人」が、昇進を避けているのが課題

実際の分布について正確な数字を出すことはできません。しかし、現役ＭＢＡの学生たちと企業の人事部に属する人たちとのディスカッションで、ざっくりとした数値的な分布をしてみました。数値自体のばらつきはあったものの一番標準的な分布は、

・組織の達人　１割
・必殺仕事人　６割

・目立ちたがりパフォーマー　1割
・職場の花　2割
でした。

メンバーがあげてくれた中で共通しているのは、必殺仕事人の比率の高さです。どの調査でも常に5割以上がこのグループでした。能力は高いが、組織内の昇進には、あまり興味を示さない人たちです。彼女たちの存在は「もったいない」と評されていました。

また、女性管理職、マネージャーやリーダーが多い企業ですと、組織の達人の数値が2～3割まで上がり、逆に男性主体で女性管理職が少ない会社は、職場の花と必殺仕事人が増えるといった特徴がみられました。

これは私が普段、人事部の人たちから見聞きする話とだいたい合致します。彼らが折に触れて口にする
「うちの女性社員は、入社すること自体がむずかしいので優秀なんです。でも、その割には、昇進したいと言わないんですよ。もったいないのですが……」

という種類の嘆きは、この状態を示したものです。一方で、目立ちたがりパフォーマーが増えて、周囲が辟易《へきえき》しているという話も、最近は耳に入るようになりました。

VOL. 04

トップ20%が燃える環境を作れ

人事評価の分野でよく言われる経験則で「2対6対2の法則」があります。これはパレートの法則で、トップの20%が残り80%の分も稼ぐことからきた経験則です。優秀な人は全体の20%、いわゆる普通の人が60%、できない人が20%でおおよその組織が成り立っているという分布式です。

パレートの法則を応用すると、女性社員を能力だけで計ると、多くの企業においても2割の優秀な人、2割の困った人、残りの普通の人という分布になっている可能性が高いのだと思います。これに昇進意欲という変数を加えたときには、本来のパレートの法則の2対6対2の状態が大きく崩れます。

2対6対2の比率をゴールとする必然性はありませんが、ただ、この経験則と現状を重ねてみると、限られたリソースで企業が重点的に対応しなくてはいけないことが、浮き彫りになります。

第一に、圧倒的多数を占める必殺仕事人の何割かを、自ら進んで組織の達人グループに移動させせなくてはいけない。それには彼女たちに昇進したいと思ってもらうことが不可欠になります。無理矢理に指名をして昇進させることは可能ですが、彼女たちが本意でない場合には、モチベーションの低下につながり、本人も周りもつらいだけです。

第二に、職場の花の数をなるべく減らすこと。彼女たちの能力を高められる場所を見つけるか、彼女たち自身を磨くことです。

意識変革を要求されることに困惑

企業の視点から考えれば、それぞれのセグメントで、可能であれば図表03の右の象限、すなわち能力の上昇に動くことが好ましい。その上で昇進意欲が上昇し、上の象限に行けばさらによいでしょう。

しかし、女性たち自身がそれを望むのかは別の話ですので、苦痛であれば無理にどうこうする必要はありません。

ただ、一つだけ明らかなのは、職場の花グループの人たちは、縮小傾向にあるということです。長らく続く不況で、企業の多くは職場の花の人々がやってきた一般事務の仕事を派遣労働者に外注しました。その結果、責任のある仕事を何らかのカタチで行わないと企業に残りにくい環境を作ってきたのです。

いわゆる一般事務と言われている仕事は、派遣職員やパート職員などの非正規雇用者が担当したり、その業務をそのまま外注するという社会の流れに逆らえなくなってきています。自分で企画して、意思決定をしてチームを作る、チームを動かすという種類の仕事をせずに、ビジネスパーソンとして生き残っていく道は、ほとんどなくなっているのです。

今後、さまざまな解凍、移動が女性たち一人ひとりに発生し、自分のポジショニングがどんどん変化していくことが、より強く求められるのは言うまでもありません。

では、どうすれば彼女たちに解凍をうながし、移動を促進できるのでしょうか。

「自らのセンサー磨き」が大事

個人の視点、組織の視点の二つに分けて考えみましょう。これらの二つのレベルは互いに影響し合っていますので、個人が変われば組織も変わりますし、逆も然りです。

個人の場合は、現状に疑問を持つことからはじまります。これは個人の特性が大いに影響します。常に周囲をみていて問題意識を持っている人とそうでない人とでは、当然、前者のほうが解凍発生の確率が高い。また、周囲の変化に対して、鈍感な人は解凍の発生率は低いと言ってよいでしょう。普段から自分のセンサーを磨いておくことが重要なのです。

さまざまなMBA学生や経営者、管理職を見ていて思うのは、個人の感性に関するものに対しては、自分で意識しないと変化はむずかしいということです。他人がいくらお膳立てしても、感性の低い人には、あまり響かないことが多いのです。個人が心の底から「何とかしなくてはいけない」と気がつくことが解凍のはじまりです。では、感性の低い人に対してはどうするか。それに対して、第三者は打つ手が2種類あります。

一つは解凍をうながしたいと思っている人に対して、外の環境に触れる頻度を上げることです。外の視点から自分の現状に目を向ける機会を多く作ることによって、変化の可能性が高まります。感性の鋭い人は、すぐに変化をしなくてはいけないだろうと反応しますし、そうでない人は数を重ねることで気がつくかもしれません。もちろん、外部環境に慣れてしまい、まったくムダに終わることもありますが――。

MBAの卒業生であり、医薬品メーカーでマネージャーをしている女性は、自分が昇進に積極的になった理由を

「当時の上司と合わずに『腐っていた』時期に、『どうせ夜は暇だから』とビジネススクールに入学し、多くの異業種の同級生と接するようになりました。仲間と一緒に課題に取り組み、切磋琢磨しているうちに、『上司が嫌で腐るのは、ばかばかしい。もっと昇進してその上司と闘えるぐらいになろう』と決意をしたのです」と話してくれました。

これは定常状態と違うビジネススクールという新たな環境に身を置いたことから気づきを得た好例だと思います。

二つめは非常に時間がかかりますが、説得を続けることです。何度も説くことによって相手の心境に変化が生まれることもあります。それには、説得者自身が相手に受け入れられることが大事になってきます。

地方銀行の調査をしたときにわかったのですが、支店長の職位にある女性の多くは昇進について、直属の上司から説得された経験を持っていました。

「きみならできるよ」

と何度も粘り強く尊敬する上司が言ってくるので、

「私にもできるかしら」

という気持ちになって昇進試験を受けたというのです。

おわかりですか？　まさに企業は、女性管理職の育成とその発展で、解凍、移動の時期にある、試行錯誤を繰り返す時期なのです。どのようなカタチで、どの女性たちにアプローチをして再凍結していくのかが大きな課題で、今後の企業のあり方が決まっていきます。

上司であるあなたに求められるのは、今、自分たちの企業がどのポジションにあるのかを見極め、前向きに対処していくことなのです。

あっ、そうだったんだ！

「予言の自己成就」で考える

働く女性はつらいのです。それと言うのも、女性が企業社会の中で少数派であったこと、女性そのものへの偏見が長い間、積み重なっていること。加えて家庭と仕事の両立という制約条件を持つことで、つきあいの幅を狭めていることや人的ネットワークが小さい。これらの要因が複合的に重なり、自分の未来に対して自信が持てず、心理的に追い詰められているのです。そして「管理職にはなりたくない」と思うのです。

この根底には、男性優位的文化やそれに基づく思想があることも否定できません。

これは、社会学の「予言の自己成就」と言われる現象そのものです 。社会学者のマートン(Merton)が指摘したもので、何らかのできごとについて「起こる」と予言されると、予言されなければ起こらないはずのものが、実際に起こってしまうことを指します。

女性は辞める、仕事をまっとうにしないという男性側の思い込みが、女性が管理職につくことを躊躇させ、また、女性たち自身も自分は途中で辞めると思いこむ。結果的には有能な女性社員のモチベーションダウンや離職につながっていくと考えられます。

平たく言うと、企業幹部がこの種の思い込みをやめることが、女性管理職、マネージャーやリーダーを増やす重要な施策であることは間違いありません。自らのマインドセットを変化させて新しい管理職育成の考え方なり、方向性を持つことが重要です。

講座3

「昇進意欲」に火はつけられるのか？

「ロールモデルこそが必要」という幻想

「女性マネージャー」育成の心得

◆「うちの女の子」という言葉を社内で使うことは、無意識に女性を自分よりも下位に扱っているメッセージに他なりません。パートナーとして女性を見ていないことが、はしばしで露呈したならば、いくら取り繕っても女性からの理解はえられません。言語と思考は多くの場合、セットだからです。「心の中で思っているから口に出る」と周囲は解釈するからです。

◆女性のロールモデルになれるのは、女性だけとは限りません。彼女たちが自分自身の手でロールモデルを見つけ、自らを動機づけるためにも、「仕事ができる」男女社員と仕事をする環境を上司であるあなたが作りましょう。

VOL. 01

憧れの投影としての「ロールモデル」

11、2年ほど前でしょうか。「ちょい悪オヤジ」「ちょいモテオヤジ」(2005年の流行語大賞のトップテン入り)という言葉が、突如、日常生活で頻繁に使われるようになったのを覚えていますか。

ライフスタイルを提案する月刊誌「LEON」(主婦と生活社)のモデルであるジローラモ氏が、その代表として人気を集めました。

「あんなオジサンならつきあってみたい」

という20代の若い女性まで登場したのです。「LEON」は最旬のファッションからカルチャーまでを扱う男性誌ですが、「ちょい悪オヤジ」は、この雑誌から生まれた造語で、金銭的に余裕があり趣味と服装にお金を費やすことができる、ちょっと悪っぽく振る舞う40、50代の男性のことを指しました。なぜ、注目されたのか?

この「悪っぽく」というのがミソで、やくざとか真の意味の反社会的勢力では、当然ありません。真っ当な社会人生活を過ごしているけれども、体制におもねるのではなくて自己主張をしっかりする。決して企業や組織の犬ではなく、独立した個人です。

遊ぶときは、とことん遊び子ども心を忘れない男性というのが、ちょい悪オヤジの必要条件。その上で幅広いことに対して知識と教養があるから、女性にもてるのです。ここが男性の心を揺さぶったのでしょう。多くの男性が、

「ああいうふうになりたい」

と思う憧れの人のカテゴリーの一つとして、雑誌社主体でイメージが作られたのです。文字にしてみると、書いているほうが恥ずかしくなってくるぐらいの格好よさが、ここで紹介される男性にはありますが、現実問題として、

「そんな男性はこの世の中のどこにいるの？」

と、大きく首をかしげる私は、家庭環境と職場環境に恵まれていないのか、と悩んでしまいます。

しかし、ちょい悪のコンセプトは世の中の人の心を広くつかみました。考えてみれば、昔から日本人のビジネスパーソンの男性はドブネズミと言われ、ダークスーツを年柄年中着てオシャレとは縁遠く、社畜のように働くのが典型的と言われているので、それに比べると格段の変化なのです。

なぜ、突然、こんな話を私がしているのかですが、それは「ああなりたい」「このような人生を歩みたい」と、行動や考え方の規範となるモデルを設定することが「ロールモデル」で

あることを整理したかったのです。

たとえば、シャピロ（Shapiro　１９７８）らは、ロールモデルを「その態度や行動やスタイル、生き方などが他人の見本となる個人」と定義しています。また、ロックウッドとカンダ（Lockwood and Kunda　１９９７）は、「他人がそうなりたいと思う人」と定義しています。

ロールモデルは、さまざまな場面で使われます。自分もあのような職業につきたい、あのような人生を歩みたいというような目標として使われる場合もあれば、周囲に求められている役割をどのように担うのか、意思決定をしなくてはいけない際に、すでにその役割を果たしている人、すなわちロールモデルを参考にする場合もあります。

「ちょい悪オヤジ」というのは、マスコミが作った単なるイメージです。しかし、自分の周りにいる「ちょい悪風」と称される先輩をロールモデルとする人は多くいるでしょう。「こうなりたい」の中身が、ちょい悪の要素のどこかとかぶっているからです。

「自己投影して選ぶ」ロールモデル

前置きが長くなりましたが、人の心理や置かれた状況は、ロールモデルと深いかかわりがあるのです。以前、ＭＢＡ取得を目指す多くのビジネスパーソンに質問をしたことがあります。

「あなたにはロールモデルだと思う人はいますか？」

というものです。比較的若い人は手をあげましたが、社会経験が長い人からは手があがりませんでした。

ある程度、キャリアを積むとロールモデルを意識しなくなります。残されたビジネスパーソンとしての人生に対して道筋が見え、考え方も定まってくるからです。かくいう私も、「ロールモデルはいますか」と今問われると正直、頭に浮かびません。昔はどうだったのかを考えると、大学を出て最初に入った会社の先輩の女性に憧れました。米国債のトレーダーだった先輩は、仕事をする姿が颯爽としていてかっこよく、私の目標となったのです。その後、自分の成長とともにロールモデルは大学院の先輩となり、研究者の先輩になりと、そのときどきで変遷しました。

あなたなら気づかれたでしょうが、ビジネスパーソンとしてのキャリアが少ないほうが、ロールモデルを持ちやすい。多くの場合、人はこうなりたいと思う方向性に悩んでいるときに、ロールモデルを求めるからです。

ロールモデルは、自己の投影が可能である「自分もそうなれるかもしれない」という期待を持てる人物を選ぶ場合が多いのです。たとえば、好み、性格、容姿、出身地など。なんらかの部分が自分と似ている人は、ロールモデルにしやすいのです。

人はマネで成長していく

ロールモデルがキャリアに必要とされるのは、人間の学習プロセスと強い関連があります。人間の学習において最も重要な方法は模倣で、これをモデリングと呼びます。他人の体験のマネをすることが重要な成長のステップであり、最も効果的な方法の一つなのです。たとえば、赤ちゃんは何でもマネをして覚えますが、あれが最も原始的なモデリングです。成長とともにマネをする範囲が大きくなり、幼少のころは動作や言葉だけだったものが、考え方の道筋、将来の方向性、そして場面における行動のあり方など複雑な状況の模倣がはじまっていきます。

ここで兄弟が複数人いる家族を思い浮かべてください。多くの場合、幼少の頃は次男、次女のほうが長男、長女より要領がよかったり、親に褒められる場面が多かったりします。幼児の初期のモデリングの対象は兄弟です。兄や姉が何をやったら親の逆鱗《げきりん》に触れるのか、どのような行動をすれば、親から褒められるのかを観察して学習しているので、轍《てつ》を踏まないのです。成長とともにモデリングの対象は、家族から外部へと向かいます。

あなたも中学・高校・大学と、先輩や同級生を見て志望校や将来の方向に影響を受けたことがありませんか。

「あのようになりたい」と思って、彼ら、もしくは彼女たちの行動の部分をマネした経験があるのでは？　もちろん、「ああはなりたくない」という負のロールモデルもあったかもしれませんが――。

「こうなりたい」という姿があって、その実現のために自らの行動の規則を作りあげていく。こうなりたいという姿の一つのお手本が、ロールモデルなのです。人はさまざまな意思決定の際に、前例を参照することが多く、模倣は意思決定を簡略するための一つの重要な方法であるからなのです。

ロールモデルは実現可能であると考えている具体的な姿です。だからこそ、ロールモデルが歩んできた道、ロールモデルの行動をマネして、自分のものにしていく。重要なのは、「あなりたい」という理想があり、そのために努力するという行為が発生する。この繰り返しが、人を成長させていくのです。

自分にとってモデルとなる人はいないよりも、いたほうが目標が設定しやすい。そんな意味で、ロールモデルの存在は有効なのでしょう。

VOL. 02

「ロールモデルさえあれば」が危険

なぜ、ロールモデルが女性管理職、マネージャーやリーダー育成と関係があるのか、そんなふうに思っているかもしれませんね。

実はロールモデルの養成は最近の人事部の最大関心事項の一つなのです。女性管理職、マネージャーやリーダーを多く養成したいと思う企業が行う有効な打ち手として、最もよく言われるのが、「女性社員のロールモデルを拡充させること」だからです。

これはかなり不思議な日本語に聞こえます。ロールモデルは本来、将来のなりたい姿と似た誰かを個人が選択するものです。

しかし、ここで言われている「ロールモデルの拡充」は、かなり様相が変わります。「個人がロールモデルを発掘して選択する」のではなくて、「企業主体で女性のロールモデルを作り、女子社員に示しましょう」というのですから。

そのためには具体的に企業はどうしているかと言えば、ロールモデルと呼ばれそうな女性社員を社内で見つけ、教育、育成する。いわば「企業謹製のこうなって欲しい目標」を提示しているのです。社内にロールモデルとなる女性を多く育成することで、他の女性社員が昇進に対して積極的になり、ひいて言えば女性管理職、マネージャーやリーダーの育成に寄与するだろうという考え方が、根底にはあるのだと思います。

私はもともと偏屈なので、企業主導のロールモデルと言われると身構えてしまいます。特に、女性管理職、マネージャーやリーダーを増やしたいという流れの中で、ロールモデル育成事業という話を聞くと、背中がゾワゾワしてきます。

企業の人事部が好む女性社員の拡大再生産を狙っていると感じてしまうからです。人事部が作るロールモデルは多くの場合、男性目線で作られる確率が高く、女性にしなやかさを求めるでしょうし、そのように振る舞う女性をロールモデルに置くように思えます。もし、これが図星であれば、こうして示されるロールモデルが、一般の女性社員に素直に受け入れられるのかというと、かなり疑問です。

「ロールモデル養成」を最優先するナゾ

なぜ、企業がそこまで手厚くロールモデルの養成・拡充をしなくてはいけないのか。社内にロールモデルとなるべき女性が少なく、女性側もロールモデルを見つけにくいからです。そこで企業が探して選び、なおかつ今後のためにロールモデル育成をします、というのが企業側の理屈です。いわば事業としてロールモデルの養成をするのです。

たしかに女性管理職、マネージャーやリーダーの育成にロールモデルの存在が影響をおよぼすことは、多くの研究者から指摘されてきました。

昇進して管理職になることを女性が望まない理由の一つに、ロールモデルの欠如があるとも言われているのも事実です。

自分たちの将来像を具体的に持てないがゆえに、昇進することに対して自己イメージを持つことができず、昇進を躊躇する（平尾、1999、加藤、2004前出）と、多くの研究は指摘します。

しかし、これらの研究は個人の昇進への動機づけの一つとして、ロールモデルを持つ重要性を示しています。企業がロールモデルを作ることを推奨しているわけではありません。

ここで厚労省の「女性社員の活躍を推進するためのマニュアル」のロールモデルの有効性について記載したところを抜粋してみましょう。


ロールモデルとは、社員が将来において目指したいと思う、模範となる存在であり、そのスキルや具体的な行動を学んだり模倣をしたりする対象となる人材のことです。

女性の活躍推進の観点からいえば、「豊富な職務経験を持ち、女性が将来のビジョンを描くために行動の規範・模範となる社員」といえるでしょう。また（スキルだけでなく）仕事とライフイベントの両立や業務への取り組み姿勢など考え方やあり方についてよい刺激を受けることができる存在でもあります。（～中略～）

会社として計画的にロールモデルになり得る女性人材を育成することを考えます。その背景には、男性社員に比べて女性社員に対する教育訓練の機会が十分でなかったり、活躍の場が限られていたために、一般的にロールモデルになる女性が少ないという事実があります。まず、会社としてどのようなロールモデルを提示したいかという観点を持つことが重要です。そして、人材育成全般の取り組みを促進する中で、ロールモデルになるような、女性社員の育成を行うことが大切です。

（厚生労働省　『女性社員の活躍を推進するためのメンター制度導入・ロールモデル普及マニュアル』平成24年）

私の個人的な印象を言えば、厚労省は女性社員の活躍のために取り組んでいるのに、残念ながら実態はかゆいところに手が届いてないといったところです。まあ、私の感想はさておき、ここから見えてくることがあります。

①女性管理職の数が圧倒的に少ないのでお手本がいないこと。

②企業が女性管理職育成に舵を切ったのが、ごく最近であること。
③女性管理職、マネージャーやリーダー育成ノウハウが現状では企業にあまりないこと。

などでしょう。ここはすでにあなたとレビューしてきたことだと思いますが、この小冊子でロールモデルの効果として位置づけられているのは、

①将来のビジョンが描きやすくなり、チャレンジ意欲が高まる。
②育成された女性がロールモデルとして活躍し、それに続く後進の女性社員を増やすことが、組織風土を変えることにつながる。

ことです。

同性のロールモデルを企業が定め、育成することによって、選ばれた本人のモチベーションが上がる、それを見ていた女性社員も「ああなりたい」とモチベーションが上がる。女性陣全体のモチベーションが上がることで、組織全体も変化して前向きな組織になるなど。これらはたしかにすばらしいことですが、「えっ、本当なの?」と思わず聞き返したくなるようないいことばかりが、たくさん書かれているように思えてきます。眉つばという文字が頭に浮かびます。

基本的な発想としてこうした方針を掲げる意味はよくわかりますが、わらしべ長者みたいな話で不確実性のもとに女性の活躍にはロールモデルが必要だという信仰が成りたっ

ているのが、浮き彫りになってきます。

もちろん、こうしたとらえ方を否定するつもりはありません。ロールモデルとなる人が、まったくいない企業というのも魅力がありませんし、問題が多いことは想像しやすい。ロールモデルはいないよりは、いたほうがいいのは、よくわかりますし、同意します。しかし、「ロールモデルとなるような人をたくさん社内に作ると組織風土も変わり、よいことずくめです」

というニュアンスであるならば、経営学者としては残念ながら諸手を挙げて賛成できません。

そこで、ロールモデルをどのように人間が取り入れていくのか、そのプロセスをくわしく見ていきましょう。

時系列に示すと、図表04（次のページ参照）のように、5段階を経てロールモデルは形成されていきます。対象を見つけるところまで企業は介入することができますが、それ以降のプロセスは個人に依存します。今回の一連の事業は、図表中のⒶ部分を企業が提示しようという話です。

企業主体のロールモデルは、男性が好ましいと思うスペックを持った女性が選出される場合が多いのです。たとえば、既婚者や子どもの有無、調整能力、従順さ、女性らしい立

図表04

ロールモデルの採用と行動変化の5段階

©高田朝子 2016

ち居振る舞いなどのスペックを多く持っていることが好ましい。しかし、これらのスペックの多さとその人物が持つ人間的魅力は必ずしも同等とは限らないのです。ここを間違えるとロールモデル選出という時間をかけた作業が、まったくのムダになります。

そして、Ⓑ以降は個人の裁量です。一方でロールモデルとされた女性も、「あなたが自社のロールモデルとして認定されました」と言われたとしてモチベーションが上がるか否かは本人に依存しています。

モデルとなれる女性は全体の3割だけ

もし、私だったら「突然、ロールモデルに認定されましたと言われても……」と思わず口にしてしまいそうです。仕事を進める上で、ロールモデルになろうと思って私は仕事をしていないので、とまどってしまうのです。正直、行動が縛られそうで迷惑です。

いずれにせよ、会社の思惑と当事者たちに示された人を個人がロールモデルとして採択するか否かは偶然に依存していて、非常に不確実なのです。「ないよりもまし」というレベルでしかありません。

１００歩譲って企業がロールモデルを示したことで、今まで知らなかった部署の女性社員の存在を知り、相手に興味を持つかもしれません。上手くいけば、「あぁ、こんな人がいるのね。あんなふうになりたいな、私も頑張ろう」と思ってもらえるかもしれません。そこは何とも言えませんが、これをきっかけとして誰もが会社の示したロールモデルに憧れるとは限りません。

ロールモデルの露出を徹底的に上げ、多くのロールモデルをこれでもかと示したとしても、会社が示しているというだけでⒶからⒷのプロセスの中で、対象を発見しても観察しないという人も一定数いるからです。

日ごろの仕事に追われる中で、本人が「自分のモデルとなる人を見つけたい」と、心の中で切に願っていなければ、そもそも関心など持てないのです。よしんば、興味を持ったとしても観察していく中で、「この人は私のモデルなんかじゃない」という場合も出てくるでしょう。

もともと企業内での女性人口は、全社員の3割。そんな数の少ない3割の中で、ロールモデルとなる人を選ぶことによって無理が生じるのは、しかたがないことです。

つまり、ロールモデルを持つ、持たないという意思決定の主体が個人に任されている以上、残念ながら、企業がロールモデルを示すということ自体が、なんとも不確実な要素を多く含んでいるのです。

VOL.
03

企業のロールモデルはズレている

次に着目したいのが、企業によってロールモデルと認定された女性は、多くの女性社員から受け入れられるのか、という根本的な課題でしょう。

厚労省のロールモデル育成事業では、「会社としてどのようなロールモデルを提示したいかという観点を持つことが重要」とされています。率直に言えば、会社主導のというのは、「会社にとって都合のよい人をロールモデルとして示そう」という意図が示されていますね。

まあ、そこまで尖って言うこともないかもしれませんが、ここでの問題は企業の示したロールモデルが、多くの女性社員にとって本当にロールモデルになっているのかという点を考えることが大事でしょう。

例外なく企業の人事部の人たちは、誠意を持って真剣に仕事に取り組んでいます。そんな彼らから、

「ロールモデルをわが社でも作ることが女性活躍推進の第一歩だと思っているので、多くの管理職から最近、部下の女性を推薦してもらっています」

という発言をよく聞きます。しかし、人事部の人が良いと思っても、その女性の上司がロー

ルモデルとして推薦することを躊躇することもあり、いろいろと大変だという話をされることもよくあります。

企業主導型のロールモデルがしっくりと受け入れられないのは、ロールモデルという極めて個人の嗜好性に大きく関係するものを、他人が選んで提示するという齟齬《そご》から生じていると、私は考えています。企業主導型のロールモデルは、根本的な矛盾を抱えているからです。

どんなロールモデルを提示したところで、そこにリアリティーさが欠ける。もともと女性管理職、マネージャーやリーダーは、矛盾を抱えた存在ですから、ロールモデルとして受け入れることができないという言いわけがたくさん成り立ちます。

管理職になった女性（Yさんとしましょう）をロールモデルとして企業が多くの媒体に出したり、女性の管理職手前の社員たちの研修で話をさせる機会を多く作ったところ、逆に退職希望者が前年よりも増えてしまったという、想定したことと異なる結果となった事例を聞いたことがあります。

会社が示したYさんは、まったく他の女性から共感を得なかったのです、Yさんが仕事ができることは、万民が認めていました。

しかし、昔風の言い方をすれば、彼女はモーレツ社員でした。業績はすばらしかったの

ですが、肝心の他の女性たちにとっては、

「Yさんのようにプライベートがない生き方や働き方はできない。Yさんをロールモデルとするのは、会社は私たちにモーレツ社員になれといっているのと同じことよ」

と、多くの女性たちが後に語ったと言います。

なぜ、こんなことが起こるのかは、繰り返しますが、話の中で必ず出てくるのは、「人事部が選んだ人である」「男性目線で選ばれている」といった声でしょう。あまりに「リスクの高い人」、いわゆるぶっ飛んでいる人は、企業主導のロールモデルには選ばない傾向にあるのです。

時短を取って育児をした経験のある上司に逆らわない係長と、大きな仕事を取って来て、上司にポンポンと反対意見をいう一匹狼の係長だったら、間違いなく企業主導であれば、前者がロールモデルとして採用される確率が高いのは明らかです。しかし、現場の女性社員は圧倒的に、後者のほうに憧れているということが容易に想像できます。

女性たちには、異なったキャリア観を持つ三つのグループがあるのがわかりました。そして、ロールモデルには明らかに入行年度の影響がありました。

VOL.
04

「3世代」に分かれる企業内女性たち

男性が見ていいと思う人と、女性が見ていいと思う人は必ずしも一致しているとは限りません。同様に人事部が見ていいという人が、必ずしも現場で人気があるとは限らないのです。

あなたが働く会社の様子をここで想像してみてください。男女問わず、
「あの人は異性の前だけいい人ぶるのよね。同性には厳しいんだけれど」
と言われる人が、頭に数人浮かんでくるのでは？　同様に、
「あの人は偉い人にはアピールするけれど、目立たない仕事をやりたがらないなぁ」
と言われる人も浮かぶでしょう。人の評価が多様である以上、必ず生ずる現象です。

確かに文句なく誰が見てすばらしいという人は、男女問わず一定数いるでしょう。パレートの法則にしたがえば、2割は文句なくすばらしく、6割は普通なのです。

では、トップ2割の人をロールモデルとする場合は、どうでしょう。

ロールモデルには自分と何らかの共通点があるほうが望ましいので、あまり仕事ができすぎて雲の上の人や自分たちと違う採用の人を「ロールモデルにしなさい」と言っても、

それは逆効果になるかもしれません。そして真ん中の6割からロールモデルに採用すると、これには多くの主観の余地が多く入るので、別の問題を発生させます。

具体的にその事実を見てみましょう。

私の行った調査です。２００９~２０１１年にかけて、私は女性管理職の育成に力を入れている地方銀行5行、合計23名の女性管理職と管理職手前の女性社員に加えて役員、人事部、男性管理職と広範囲に聴き取り調査を行いました。（高田、２０１３）

銀行は、もともと女性比率が高い業種なので、ここでの調査は女性管理職の現状を色濃く反映しているのではないかと考えたからです。

彼女たちは全員、高校や大学を卒業後、一貫して当該銀行に勤めていて、転職経験がありません。

調査結果から、ロールモデルの有無と自らのキャリア観の2軸で似たような回答した者をグルーピングしていくと、全体で3グループに分けることができました。それらのグループは、きれいに世代によって分かれていました。

女性社員の中で、同性のロールモデルがあると答えた者は23名中６名で、入行15年程度の若手社員に多く集中していました。特に興味深かったのは、ロールモデルの有無には、はっ

図表05

3世代の特徴

パイオニア世代

ほぼ1986年くらいまでの入社
職場の花であり、事務をきちんとこなすことが、大きな役割
結婚退職が当たり前だとされていた中で働き続けた苦労人

雇均法世代

男女雇用機会均等法以降の入社
入社前には女性の時代とおだてられ、入社したら男性社会の現実に直面し、夢破れた経験を持つ世代
大卒者が多い
企業も昇進する女性の扱い方が試行錯誤していた世代

第3の世代

ほぼ21世紀入社
男女同等が当たり前と思って育っている世代で、企業に多くの夢を持っていない
女性上司に慣れている
昇進に対いては否定的ではない
男女の学歴差が、さほどない。

きりと世代間格差とも言うべきものが、存在していたことでした。

企業の女性社員は異なったキャリア観を持つ3グループがあるのがわかりました。そして、ロールモデルについては明らかに、入行年度の影響がありました。1986年以前の入社のパイオニア世代、そして雇均法世代、その後の第3の世代と名づけました。

第3の世代の女性たちは、具体的なロールモデルとして、接触のある10年程度入行の早い女性の先輩をあげていましたが、雇均法世代以上の女性たちは、ロールモデルの存在はないとして、その有効性には懐疑的でした。

「パイオニア世代」1986年以前入社——「24歳までに結婚退職」が基本

最初のグループは、男女雇用機会均等法施行の1986年より前の入社の人たちです。23名中9名で全員が支店長の地位についている、もしくは経験をしていました。この世代は、

①入行時から管理職になることを視野に入れたことがない。
②同性のロールモデルがいない。
③ほとんどが高卒もしくは短大卒の学歴である。

この共通した特徴がありました。

入行年度が古いほど、入行時に昇進や管理職に就くという意識が稀薄でした。女性は結婚退職が基本という価値観の中で育ち、それを前提として就職するのが既定路線という人たちです。この世代をパイオニア世代と名づけました。この人たちに、

「現在の役職に就くことを入行時に狙っていましたか?」

と問うと、全員が間髪入れずに、

「とんでもない! 若いころの自分はしばらく働いて、結婚退職すると思っていました」

と答えています。興味深かったのが、勤めている企業は違えども、この世代が共通して女性のキャリアについて語るときに使うのが、「クリスマスケーキ」のたとえでした。

クリスマスケーキとは、昭和の時代に言われた言葉で、24歳までに結婚退職しないと女性としての価値がなくなる、クリスマスイブを過ぎたケーキと一緒だという、現在からは考えられない価値観です。25歳を過ぎて会社に残っている女性社員は変わり者、可哀相な人としての扱いだったのです。

もし、今、こんな言葉を企業内で口に出したら、あっという間にハラスメント委員会行きになりそうなエピソードが、インタビューをした日本中至るところのオフィスで語られました。

結婚退職が主流だったために、この世代の人は働き続けて企業内で昇進していくという種類のロールモデルがいないのが普通です。社内にキャリア志向の女性が極端に少なかったという事実を鑑みても、この結果は腑に落ちます。

属性の共通点として、この世代で企業に残っている人は、学歴的には高卒、もしくは短大卒が主流でした。これは地方銀行という特殊性が影響していることは否めません。女性の4年制大学進学率は1986年までは大体12％台ですから、4年生大学卒業の女性社員は非常に希な存在でしたし、地方よりは都市部の方が大学進学率が高かったのです。

彼女たちは現在、管理職の地位に就いていますが、それまでに経験した職種も限られていました。多くが当時の女性の仕事とされていた事務と個人向けの営業部門にキャリアの大部分を費やしていました。管理職になる男性社員の一般的なキャリアルートである、法人の融資や営業の経験をしていた人はいませんでした。

【雇均法世代】1986年入社から約10年間――多くの「女性初」を体験

次に共通のグループとして括れたのが、男女雇用機会均等法（以下雇均法）以降からおおよそ1996～1999年までの社員たちで23名中8名でした。この人たちを雇均法世代と名づけました。この世代の共通項として、

①入行時に程度の差はあったが、管理職をキャリアパスの一つとして考えたことがある。しかし、働き続けることについては、そう強い意志がなかったこと。
②ロールモデルには、懐疑的であること。
③4年生大学卒業が主流であること。
④経験した職種はパイオニア世代に比較して多彩だが、それは各企業によること。

彼女たちは期待と失望を交互に味わってきた世代です。

女性が管理職になる時代が来るという当時のマスコミの論調にも影響されたせいか、入行前に自分が管理職になるイメージを持っていた人がほとんどでした。多くの場合、「女

性初」という冠をたくさんつけられて、仕事をした経験がありました。

彼女たちは、自分のキャリアを振り返って、次のように話します。

「雇用機会均等法の施行で女性の時代が来る、女性の管理職が当たり前になる、といろいろな人に言われて入行してみたものの、現実は違っていて男性優位の社会そのままでした。入行前は期待していましたが、入行後の現実を知ると管理職を狙おうなんてあまり思わなくなりました」

ロールモデルとしてパイオニア世代の人の名前を挙げたのは1名だけ、それ以外は上の世代をロールモデルとして、とらえていませんでした。匿名を条件に率直に思いを語ってくれた人が数名いましたが、その代表的な主張はこうです。

「正直に言って、先輩方をロールモデルだとは思っていません。先輩方はいろいろと後輩のためと言ってやってくれようとしますし、銀行としては彼女たちをロールモデルの一つとして取り上げ宣伝しています。

頑張って管理職になっているのはすごいと思います。でも、歩いてきた道のりが最初から違うので、それを同性の先輩だからといってロールモデルだと言われると、それはまったく違うのだと思います。私たちは最初から大卒総合職で採用され、実際は事務職の仕事も多くしたけれど、でも、最初から窓口の仕事だけだった人たちと一緒にされたくないというのが本音です。大きな声では言えませんが――」

この種の発言は、聴き取り調査が進み、話を聞く女性たちとコミュニケーションがとれるようになってくると、多く聞かれるようになりました。

彼女たちの進んだキャリアは、千差万別。「女性に男性並みの職種を経験させましょう」という人事制度を持っている企業と、そうでないものとの差が明確でした。

最初から男性と同じキャリアである法人融資を経験させる企業もあれば、あまり事務職と変わらない経験しか積ませず、近年になって新しい仕事をさせるようになった企業もあります。女性総合職という新しいグループをどのように扱い、教育してよいのか、企業自身が戸惑っていたのが、この世代だと私は考えています。

【第3の世代】2000年以降入社――ほぼ男女が同じキャリアを歩む

2000年以降から現在までの人たちを第3の世代と名づけました。共通項として、
①最初から定年まで働き続けようと思って、入社している人がほとんどであること。
②雇均法世代をロールモデルとしてあげていること。
③4年生大学卒業の人が、ほとんどであること。

④最初から男女差が少ないキャリアパスがあり、経験した職種が幅広いこと。

が、あげられます。この世代は、雇均法世代の試行錯誤を経て、ある程度企業側も女性幹部候補生たちの接し方・育て方がわかり、安定した育成システムの恩恵を享受した世代です。この世代の女性の正社員は極端に少ないのも特徴でしょう。補助的な仕事や事務労働を派遣社員がやるようになったからです。この頃になると、会社としては女性を育てようという意識が芽生え出します。仕事もほぼ男女同じキャリアを歩むことが多い。この世代はひょっとしたら、それ以前の世代よりも、男女差について感じないのかもしれません。

現在、20〜30代前半の人たちは男女をほぼ同等と思っていて、男性の部下を持つ女性上司や、女性上司を持つ男性部下という光景を日常としてキャリアを積んできた人たちです。

インタビューをした全員が、入行当初から昇進し、管理職を目指すことは望むと望まざるとにかかわらず、当たり前との意識が強かったのが、特徴です。

「入行したときから定年まで働き続けると思っていました」

と、彼女たちは答えています。昇進についてはその話があれば受け入れるが、結婚や出産など今後のライフイベントによって未定の部分があると、全員が述べていました。

ロールモデルについては、6名中5名がいると答え、雇均法世代の人をあげました。ここでも、パイオニア世代をロールモデルとしてあげる人はいませんでした。

VOL. 05

不思議な「ロールモデル育成大作戦」

世代ごとの関係性を考えてみましょう。すると、次ページの図表06のような関係が浮かび上がってきます。最近の企業が行っている「ロールモデル育成大作戦」ともいうべき動きで気をつけなくてはいけないのが、ロールモデルの妥当性です。これが実にむずかしい。例を挙げてみましょう。パイオニア世代は自分たちが雇均法世代のロールモデルだとし、責任感を持っていました。しかし、雇均法世代は彼女たちを真の意味でのロールモデルとしていませんでした。ロールモデルが上手くいくケースは、雇均法世代と第3世代との間でしょうが、これも無条件では、まったくありません。

現実問題として、人事部や男性上役が選ぶロールモデルは、必ずしも多くの女性社員が自発的にロールモデルにしたいと思う人ではないのが、ここでもわかります。そこでMBAの女子学生の教室での発言として代表的な発言、AさんとBさんから寄せられたものをそのまま書き記します。雇均法世代と第3の世代の声です。

図表06

3世代の相関関係

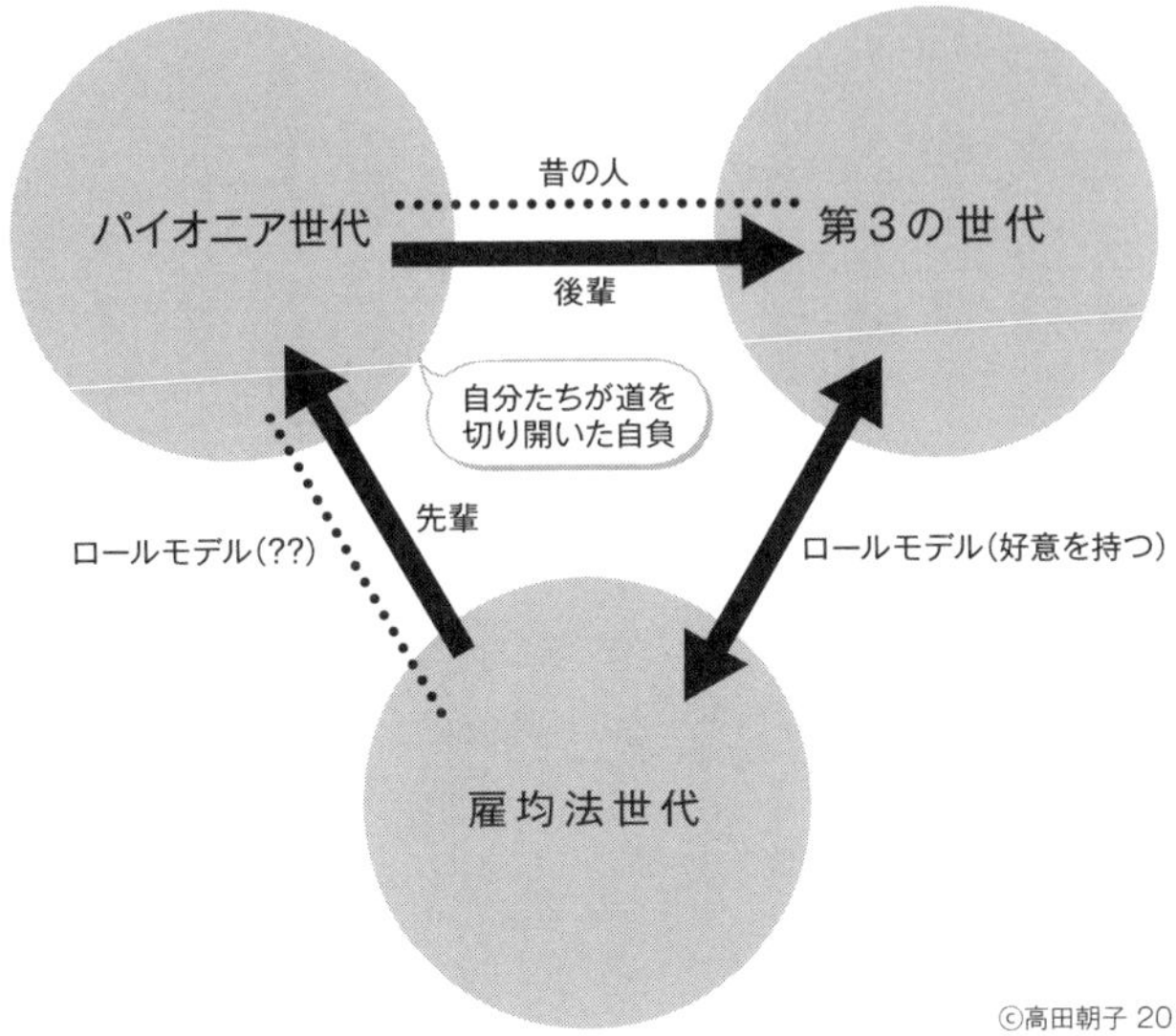

©高田朝子 2016

Aさん（雇均法世代）

たしか私たちのころからロールモデルということが言われ出したんです。最近になって「ロールモデル事業」などと世間では言われていますけどね。

私には衝撃的な経験があるんです。非常にかわいがっていた部下が出産後、復帰せずに退職してしまった。とても仕事ができる人だったし、もったいなくて引き留めたんです。そうしたら、なんかの拍子に『私はAさんみたいにはなれません！　仕事に命をかけられませんから』って。そう言われたんです。別に悪気があったわけではないのもわかります。でも、突き刺さりました。かなり落ち込みましたね。

私は仕事に命をかけてなんていませんし、それなりにプライベートも充実しているつもり。でも、いろいろとあって、結果的には結婚していません。今まで自分の後輩であり、部下でもあるので、すごく近いつもりだったのが、このときばかりは遠い人に感じました。そんな私でさえも、人事からはロールモデルとして頑張れと言われる。いったい何なのだろう、なんか会社はずれているなって。

Bさん（第3の世代）

人事や会社の上司からロールモデルを持てとか、その種の話を最近耳にするようになって、正直、なんだかなぁと思います。自分の将来の姿として『こうなりたい』という女性はあまり社内にはいないです。『あああいうふうな人にだけはなりたくない』という先輩をロールモデルだと言われてもねぇ、というのが本音。大きな声では言えませんけど。

この種の発言は至るところで聞くことができます。一般的に女性管理職、マネージャーやリーダー育成の企業側の打ち手とされている「ロールモデル育成作戦」が、実は、思うほどバラ色の未来を組織内にもたらしていないのです。これは衝撃的なことです。

VOL.
06

「AKB48方式」の危うさ

不思議なことに昇進という文脈でロールモデルという言葉が多用されるのは、女性の場合に限られます。男性に対して企業が主導して「ロールモデルを作ろう」という動きは私の知る限りありません。

なぜ、女性だけなのか。

これは先ほどの厚労省が示した記述からも、女性にはロールモデルになりえる人材の全体数が少ない。そこで積極的に企業主導で、ロールモデルを作ろうとしているのがわかります。

企業側がたくさんロールモデルを示しておけば、どこかがヒットして誰かのロールモデルになるだろうという考え方です。AKB48方式といったらいいでしょうか。多くのサンプルを出すことで、多くの人の嗜好に耐えうる確率を上げているわけです。

ですからそこには、本来なら適さない人も入るわけです。不思議なミスマッチが発生しているのです。

男性は「合体ロボ型」、女性は「女神渇望型」

ＭＢＡの教室でロールモデルについてのディスカッション授業をこれまでの10年以上にわたり行ってきて、その中で気づいたことがあります。ロールモデルの作り方には、男女差があるように思えるのです。これは非常に興味深い発見でした。

男性はロールモデルに、完璧さを求めません。Ａ君の仕事の処理能力、Ｂ君の年配の人への取り入り方、Ｃ君の女性の裁き方など、それぞれ自分が「こうなりたい」ことをパーツで分けて、それらを合体させて自分なりのロールモデルを作り上げています。

代表的な発言をみてみましょう。

まずは、多くのＭＢＡ学生たちとのディスカッションの中で最も多く出る典型的な意見です。最初は専門商社勤務の男子学生Ｃ君です。

Ｃ君（専門商社　第3の世代）

若いころは憧れの先輩がいて、その人のマネをしていたことがありましたが、今は違います。憧れの人っていうのが、そもそもいないんですよね。それぞれの人のいいところをマネしようと意識しています。

たとえばですが、見習いたい部分があるRさんという人が、私生活でとても女性にだらしない人だったとしても、あまり気にしません。その人のいいところを参考にします。絶対に。

男性のロールモデルについて共通していたことは、ロールモデルが複数いること。「こうなりたい」という各パーツを複数の人から集め、自分のロールモデルとしていることです。

次は女性のロールモデルについての発言です。D絵さんは百貨店に総合職として勤務しています。

D絵さん（百貨店 第3の世代）

正直、仕事ができるだけではロールモデルにはなりません。私の職場には多くの女性管理職のマネージャーがいます。でも、彼女たちみたいになりたいかっていうと、まったくそうではないので困ってしまう。私は欲張り屋なんですかね?結婚もしたいし、子どもも欲しいし、それを全部こなして、なおかつ仕事ができる人が周囲にはいないので、困っているんです。

さらに聞いていくと、これらの条件をクリアしても、生活に疲れている感じでは、ロールモデルとしての魅力がない。本音を言えば、ロールモデルは仕事もできて私生活も充実していて、おしゃれでかっこいいほうがいいなどと、どんどんハードルは高くなります。聞いているほうが疲れてしまいます。

世の中にそんな人はいるのか。自分を省みて「ごめんなさい」と言いたくなります。

つまり、女性の場合は、ロールモデルに完全な女神のような個人を求める傾向が強い。男性はパーツを合体させてロールモデルを作る。男性が「合体ロボ型」、女性が完全主義の「女神渇望型」とでも言いましょうか。

「キャリアステージ初期」にいる女性たち

ロールモデルとキャリアステージについて、ギブスン（Gibson ２００３）はキャリア初期の段階で人はロールモデルを自分より地位の高い人に求めるとしています。ロールモデルは、手の届く（本人が考えている）目標です。ロールモデルに実行可能な自分の理想を投影し、包括的に目標とします。

つまり、その人のスキル、特徴、態度、行動をそのまま自らのモデルとして行動する傾向があるとしています。

これが年とともに変化してキャリア中期には（ギブスンは洗練期と美しい言葉で表現）、仕事に対する自信とともに、ロールモデルは部分を取り入れようとする行動に変わります。

対象は上位職だけではなく、部下や同期、または顧客や知り合いにまで広がります。憧れの人を決めて目標とするのではなく、多くの人から気に入る部分を取り込もうとする行動に変わっていくのです。キャリアの終盤には、この傾向がより顕著になります。

ギブソン研究をあてはめると、男性と比較して女性の多くはまだキャリア初期のメンタリティにあると言っていいのかもしれません。女性が男性とまったく同様なキャリアを社内で歩き、なおかつ多くの人数がいたのならば、この種の問題は起こらなかったのかもしれないのです。

管理職になっている人が、さまざまな事態にどのように対応するかという知恵の蓄積やその知恵の伝授ルートみたいなものが、まだ女性には確立していないがゆえに、ロールモデルを自分の中でどのように活用するのか、というノウハウが男性よりも少ないのではないかと思います。

VOL.

07

個人、企業が身につけたい「8素養」

さて、今までは企業主体で行われているロールモデル事業についての問題点ばかりを指摘してきましたが、文句ばかり言ってもしかたありません。

次に、これからどうするべきか、建設的に考えていきましょう。仕事と私生活のいずれも自分らしく充実させる女性管理職、マネージャーやリーダーを増やすことが本講義の目的なのですから。

ロールモデルを持つことは、将来を考える際に大きな動機づけ要因の一つにしかすぎません。ロールモデルは、絶対に持たなくてはいけないというものでもありませんが、あったら、それはそれで何らかのプラスであるという種類のものです。繰り返しますが、最も重要なのは本人の意識を変えることです。彼女たちの周囲にいるあなたの役割は、今から示す女性本人がしなくてはいけないことと、企業がしなくてはいけないことの二つを熟知し、それぞれの側面から働きかけることです。

女性たちは、「ロールモデルが見つからない、ロールモデルと言われている人が気に入らない」としても何も行動しないのではなく、自分がより自分らしく仕事をするために必要とあれば、女性はロールモデルを利用すべきです。これは近くにいるあなたがアドバイスするべきポイントです。

もちろん、強制ではありません。もともとロールモデルは役割の模倣であり、行動を簡略化するための学習プロセスの一つです。自分が成長するために、ある種のお手本を周りに求めるのは、決してムダなことではないからです。

そして企業側は今までのように、自分たちがロールモデルを選び、たくさん提示しておしまいというのではなくて、企業自らが彼女たちが自らロールモデルを探せる場を提供する必要があります。

これについても、あなたが働きかけるべきでしょう。では、どうすれば、有効なロールモデルを手に入れることができるでしょうか。本人サイドと企業サイドの2つの視点から示します。

〈本人サイド〉

①ロールモデルに女神はいない

本人が最初にやることは、自分がロールモデルを選択することに対して、どのような思考の傾向があるのかを冷静に考えてみることです。

「なくて七癖」と言うように、人間にはさまざまな習癖があります。物事を悲観的に考える人、楽観的に考える人、他人の動向が異常に気になる人、まったく気にならない人、物事の全体を見る人、目の前の事象しか頭に入らない人――。同じ現象を見てみても、周りの人たちの感じ方や解釈の仕方はまちまちです。これは個々の思考の傾向が違うからです。

認知のズレは、思考のズレを生みます。それによって事態を正確に認識せず、さまざまな問題が発生していることも、少なからずあるのです。

ロールモデルに対しても、自分が完全主義で女神渇望型であることを自覚したならば、その考えは直ちに捨てることをオススメします。完全なロールモデルは存在しないのですから。そこから認識をスタートすべきです。

そして自分なりの「こうありたい」の全体像を考えてみることです。特定の誰かに当てはめてみる必要は、まったくありません。

もちろん、誰かを基準にそれをバージョンアップし、必要なところに加工を加えて、整形を施してもかまいません。大まかに自分なりのこうありたい像を持っておくことが重要なのです。

②合体ロボ型のススメ

次のステップは「こうなりたい」の全体像を部分に分解すること。または、部分を集めて、「こうなりたい」と思う像を作り上げるのでもかまいません。

自分なりのこうありたい、こうしたいという像を具体的に持つということです。その上で、その部分を満たしている人を探して部分を取り出し、自分なりのロールモデルを作り上げる。合体ロボ型で、ロールモデルを作ることです。このプロセスが最も重要です。

最初から誰かに当てはめ、その人をマネようとするとムリがあります。完全な女神のようなロールモデルという視点で他人を見ると、そのお眼鏡に叶う人は極端に少なくなるものです。

そこで見方を変えて、部分のみを参考にしようとすると、非常に多くのサンプルが手に入るようになります。具体的なロールモデルというよりも、部分に注目して取り入れてみることです。

いずれにせよ最終的に自分のなりたい姿を、具体的に頭の中のイメージとして作り上げることが不可欠な姿勢です。

③思考バイアスを知る

もう一つ、頭に入れておいて欲しいのは、人間は思い込みの生きものだと言うこと。目の前で発生している事象を10人が見ていたとして、10人10通りの解釈が可能です。人間が物事を解釈するときに、認知バイアスは少なからず発生します。個人の思い込みによって、目の前の事象を事実と違うものと思い込んでしまう現象のことです。

ところで、ハロー効果、ホーン効果という言葉を聞いたことがあるでしょうか。

後光効果とも言われ、ある人がプラスの特性を持っていると、その人のすべてを必要以上に高評価をしてしまう。もしくは、何か悪い部分があると全部を悪い評価にしてしまう人間の認知バイアスです。

人間である以上、この種のバイアスを持つことは、ある程度は避けられません。しかし、バイアスの影響を少なくするためには、自分で意識することです。

自分の思考傾向として、部分が嫌になれば全体も嫌になる傾向があるのかないのか。あったとしたら、その方向に思考が働き出したと気がついたときに、一旦、その方向に考えることをやめてみる。客観的に全体を見る。その後、部分を見て、何がいいと思うのか分析し、自分のものとする。この一連の作業は意識して訓練しないとうまくできません。

④部分を観察する

自分の思考傾向を押さえた上で、次に行うことは部分を的確に観察するということです。繰り返しになりますが、完全なロールモデルを求める必要はありません。

仕事に対する姿勢で、どんな場合でも顧客のためになることを第一に行動することが、理想であるとすると、常に周囲を観察して、その「部分」が強い人を発見し、どのように本当は考えているのか、なぜ、そういうふうに考えたのか。どのようにして実行しているのかを観察しましょう。

多くの場合、好悪や第一印象でその人の判断をしがちです。しかし、「この人はこういう人だ」という自分なりのフレームを相手に当てはめてしまうと、くわしく相手を知ろうとする努力を怠り、新しい見方で人を評価しなくなりがちです。

特に年輪を重ねると、その傾向がますます強くなります。自分なりの他人を判断するフレームは、「人を見る目」と一般に呼ばれていることと同義ですので、なかなか悩ましい問題です。

フレームを持つことは重要で、それを常にアップデートさせることは、より重要なのですが、だいたいの場合、フレームを固定化させてしまうのです。

年齢を重ねると、人を見る目が養われると言いますが、情報という視点からこのことを説明してみましょう。多くの人と出会い、さまざまな経験をしてその情報を脳に蓄積し、行動のパターンを分類して将来の予測に当てはめ、その精度が高い人が「人を見る目がある人」です。

年を取ると、会う人の種類も会った人のことを見る行動も多くなります。地位も上がりますから、見る角度も増えていきます。これが年齢を重ねると、人を見る目が養われるということの構造です。

人を観察し、自分の必要な「部分」を持った人を見つける際に、人は変化する生きものなのだということを頭のどこかに置いておきましょう。

観察し、なぜ、そのような行動を取っているのかを背景を含めて客観的に分析する。この一連の行動を意識して行うことで、合体ロボ型のロールモデルを作ることが容易になります。

⑤男性もロールモデルにする

部分を合体させて合体ロボ型ロールモデルを作るならば、その人の一部分を男性から見つけてきても構いません。むしろそのほうが、男性は絶対数が多いために材料にこと欠きません。この部分はあなたが協力できるところです。

本当のことをいうと、ロールモデルに性別のこだわりを持つのはおかしいのではないかとかねがね思っていました。同性の方が具体的なイメージがしやすいのは確かです。ただ、本来のロールモデルはロール、つまり、役割のお手本ですからそこに性差を持つのは、おかしいことになります。

今後、女性がますます男性マジョリティの現場に出て行くのならば、同性のロールモデルがいる人は非常に少ないでしょう。彼女たち自身が最初の人――開拓者――であることが多いからです。その際の役割のお手本は、男性にならざるをえないのです。

ロールモデルを同性に求めて、ロールモデルがいないと騒ぐよりも、管理職、マネージャーやリーダーという役割の人を参考にしたほうが、よほど理に叶っています。「こうなりたい」という部分を持つ人を広く探し、観察し、取り入れるように心がけることで、自分のなりたい姿を具体的なイメージ化することができます。

現存する誰かのコピーではなくて、自分なりのなりたい姿をしっかりと持つことのほうがよほど重要です。

〈企業サイド〉
⑥社内交流の場作りが企業の役割

さて、企業に視線を移してみましょう。他人が関与できるところは、ロールモデルの発見のお手伝いだけです。今までは企業の打ち手として、企業が主体で選抜したロールモデルを選定し、提示するというやり方をしていました。

しかし、現状では、これはあまり効果を上げていないようです。会社が示したロールモデルと個人が求めるロールモデルにミスマッチがあることが、その原因だと考えられます。

考えてみれば当たり前の話で、個人の嗜好性は千差万別。ダイバーシティの時代、個の時代などと世の中で言われ、多種多様な人びとを企業が受け入れることが不可欠となってきました。すなわち、ロールモデルもこれらの多様性に応える必要があるのです。これは、正直、企業がコントロールできる範囲を超えています。

私が強く言いたいのは、「ロールモデルを養成しよう」という意識を企業が捨てることです。もっと正確に言うならば、厚労省のパンフレットにあるような『会社としてどのようなロールモデルを提示したいかという観点を持つことが重要。人材育成全般の取り組みを促進する中で、ロールモデルになるような、女性社員の育成を行うことが大切』などと言うのは大きなお世話で、企業がやることは単に場の提供なのです。

部分を選択するという前提を置くならば、性差なく多くの仕事のできる人たちが社内で交流し、お互いを理解し合える場を提供することこそが、企業の役割だと思っています。

ネット上ではなく顔をつき合わせて話し、人々が自身の手でロールモデルを見つけ出せるような接触の機会を増やすことです。これは企業にしかできない役割です。

ただ出会うための会合でも構いません。もっと組織的にやるならば、何らかの課題解決を一緒に行うという機会を作るほうがいい。協力して課題解決をすることがお互いを知り、お互いの情報を得ることになるのです。

⑦他部署の人と交流可能な研修にせよ

企業は場を提供するために、研修はなるべく多くの種類の人を入れた（多様性のある）メンバーで行うことです。多くの企業の研修は、似たようなメンバー、顔見知りのメンバーで行うことが多いでしょう。

ロールモデルを発見するという観点に立つならば、お互いを知り合う機会という発想をもってさまざまな研修を設定すべきです。何もすべての研修をそうしなさい、と言っているのではありません。研修の一部を多様な人との出会いということで設計すること。さらに言えば、社外の集合研修にも積極的に社員を参加させることで、より幅が広がるのではないでしょうか。

ロールモデルは、万能ではなく、あったほうがいいというレベルのもの。大事な点は、自分でこうありたいという具体的な姿を見いだすことです。それが将来への努力につながりますし、何よりも何らかの目標を設定し、努力し、やり遂げることは仕事の喜びになるはずです。

さて、ここまで女性本人サイドと、企業サイドの二つの流れを示してきました。

あなたの役割は、彼女たちへのアドバイザーであり理解者であることです。二つの視点から、企業とあなたの周りの女性を観察することで、より大きな影響を与えられるものと思います。

最後に一つつけ加えるならば、本人部分で示した認知プロセスは男女の差なく、すべての人にあてはまります。自分の思考傾向を知ることから、すべてははじまります。

自分の思考傾向は本人しかわかりません。あなた自身の思考傾向もここで確認してはいかがでしょうか。

あっ、そうだったんだ！

先延ばし条件に歯止め
出産率の低下と労働力の減少

どうして企業は「女性活躍推進」を言いはじめたのでしょうか。雇用機会均等法の施行以降、女性の登用と言いながらも、実際にはあまり力を入れてこなかった結果が、女性管理職比率の国際比較で先進国の中でワースト1の地位として表れています。

企業が重い腰を上げるためにはさまざまな環境からの要因がありました。直接的に影響をおよぼしたのが少子化と労働人口の減少です。これは継続体としての「企業の存在そのもの」を脅かす恐怖そのものでした。労働力の確保は企業の死活問題だからです。そして、それを強く後押ししたのがバブル崩壊、リーマンショックという二つの外的環境要因だったと思います。

人口減は日本市場の縮小化をもたらし、どうしても海外市場に活路を見いださざるをえなくなります。同質性の強い日本人男性社員の集合体で企業がいることは物理的にむずかしくなってきました。人口が減少している中、日本人男性の確保がむずかしくなってきたからです。

否が応でも、日本人の女性を受け入れざるをえなくなってきたというのが、本当のところではないでしょうか。彼らの幹部登用という課題も浮かび上がってきて、今までの日本人男性の集団の中で意思決定されていく、ある種の純血主義を貫くのがむずかしくなってきたとも言えます。

講座4

男性の倍働くことが評価基準ではない

社内の生きにくさを改善する

「女性マネージャー」育成心得

◆人間は評価の正当性に対して、非常にシビアな生き物です。女性管理職の増加の流れの中で、評価基準が今までの男性の評価基準を単に受け継いでいるだけになっていないか、現状にあっているのか、問われた際にきちんと相手に説明ができるのか、などを常に意識し、確認することが不可欠です。

◆多くの女性は、男性よりも働かないと認められないという呪縛にかかっています。男性社会で女性は少数派であるため、心理的に自分を追い込みがちになります。さりげなく様子を観察して、つらそうなときは手を差し伸べ、視点の変換に協力するのがあなたの仕事です。

VOL. 01

まことしやかな「男性の倍働く説」

「女性は男性の倍働かないと評価されない」

女性管理職の研究をはじめてから、多くの人から聞いた言葉です。成功した女性社長や女性役員のインタビュー記事でも、この類の発言を非常に多く見たり、聞いたりします。驚いたことにこの発言は、MBAの教室でも毎年、聞かれます。

「うちの会社はなんと言っても男性優位ですから、女性は男性より働かないと……」と、学生たちが話すのです。

ディスカッションの授業は参加者が自由に発言するので、ビジネスパーソンの本音をかなり反映している場です。もちろん、女性のすべてが「男性の倍働く説」に賛成するわけではありませんが、一定数の学生が我が意を得たりと、自分が見聞きした、もしくは、体験した実例を挙げて発言してくれます。

これは何も戦前の話ではありません。21世紀においてです。私は顎が外れそうになるほど驚愕するのですが、学生たちは、

「まあ、そんなこともありますよね」

と、平然としています。

「女性には、出産・育児の仕事のスローダウン時期があるので、その時期を先に働くことで埋めるのですか?」

そんな疑問を呈すると、それに対しては多くが否定的な答えをします。確かに単純に数字だけで考えて、たかだかキャリアの中の数年のスローダウンを補うために、倍働く必要はありません。

多数の企業から受講生が集まる機関の管理職研修で同じ質問をしてみると、母集団にもよりますが、少なくて1割、多くて4割の受講生がコンスタントに、

「うちでは女性は男性の倍働かないと評価されない」

という説に賛成の挙手をします。全員が挙手をしなかったことは、いまだかつてありません。

「私の周りではそんなことは、まったくない」

と、終始一貫否定している人も半数ぐらいます。しかし、女性は男性の倍働かないと評価されない、そう思っている人が、常に一定数いるということが注目したい問題なのです。

なぜ、このような状態になっているのかについてディスカッションを進めると、

・女性への評価が厳しい

・昇進する女性たちは男性が受けるマネジメント訓練や管理職になるノウハウの習得をしていない

など、「厳しい目を向けられる」理由となるような発言がなされます。きっと日本のどこかでは根強く、「単位時間あたりの女性の労働成果は、男性の数分の一」という誤った考え方が存在しているのが現実なのでしょう。そしていまだに女性がマネジメント能力を研鑽《けんさん》する機会が、男性と比較して乏しいという現実が浮き彫りにされます。

同時に女性たち自身もこの状態を所与条件（解決されるべき問題の前提として与えられるもの）として働いていることが浮かび上がります。

何を基準に「男性の倍」と言うのかは、不明確です。男性の倍うんぬんは、個人の主観がおおいに入りますので、この結果が寸分違わず日本の実情を示しているとは思いません。ただ、一般論として、女性が業績や成績をストレートに企業から評価されないことからくる「生きにくさを抱えている現状」があることは事実です。

マネジメント能力の研鑽についてはあとの講義で取り上げるので、ここでは女性の「生きにくさ」について考えていきたいと思います。生きにくさをできる限り取り除くことこそが自分らしく力を発揮して、自然体で働く女性管理職、マネージャーやリーダーの育成には不可欠だからです。

女性昇進の秘訣も業績のすばらしさ

職業柄、今まで男女ともに多くの管理職にインタビュー調査をしてきました。インタビューでは、キャリアを振り返って自分が昇進した要因をどう自己分析しているのかを尋ねることにしています。ここに、はっきり答えの男女差が現れます。

部長以上の上級管理職の女性に、

「あなたが現在の地位に至った成功の秘訣は何ですか？（実際にはこのようなストレートには聞きませんでしたが）」

と、質問をした際の典型的な答えを紹介しましょう。

T子さん（IT関連会社 役員）

秘訣ですか？ 自分が成功しているかどうかはわかりませんけれど――。与えられた仕事やチャンスを逃さずきちんとしてきたことを認めてもらったのだと思います。振り返ってみると、それなりに努力もしてきました。男性たちの倍は働いたと思いますね。その努力が認められたんです。もっと言うと、うちの会社はやった努力を認めてくれるのだと思います。その点は、とても感謝しています。

A美さん（証券会社 支店長）

私は男性の2、3倍働いてきました。ものすごく男性社会ですからね。それだけやらないと認められなかったというのが現実。女だからと言われたくなくて、頑張ってきました。業務成績もよかったと思います。そもそも、うちは営業成績がすべてですから。勤務時間ですか？ 仕事柄、朝早く、夜遅いです。以前に比べてそうでもなくなりましたけど。同期の中では、かなり頑張ってきたほうだと思います。親しかった人たちは、男女ともに辞めてしまいましたが、私はなんだかそのまま走ってきました。

共通しているのは、出世している女性たちは昇進の理由として、業績のすばらしさをアピールしていることです。同時に、いかに自分が努力したのかについてもエピソードを語る点です。

これらはパイオニア世代と雇用機会均等法世代の人に、強く見られました。同様の質問を男性に聞くと、努力を昇進の理由に添える人はまれです。男性は業績のすばらしさについて、さまざまな角度から具体的に話す。もしくは運がよかったという謙遜の言葉を話すことが、ほとんどです。この運がよかったというのがくせ者で、本当にそう思っているのかどうかは謎ですが、少なくとも自分以外の人間に、昇進の理由を話すときの定番表現です。

VOL.
02

倍の時間を働く必要はない

私は大学を出てすぐに働いたところがアメリカの会社でしたので、女性は男性の倍働くという話は、社内ではオフィシャルに聞いたことがありませんでした。男女同権を謳うことを明言し、かつ訴訟社会であるアメリカの企業では、男女の昇進格差を表だって見せることは、御法度だったのです。

お気楽な新入社員だった私には想像できなかったことを中堅以上の社員は、いろいろ抱えていたのだろうと思います。考えてみると私の友人たちで、日本の会社に就職した大学の同期や後輩たちは「女性は男性の倍働いて一人前」という神話を、新入社員の頃から刷り込まれていました。

男性と比較して猛烈に働かないと男性と同等の昇進ができない状態が発生していることが確かなのか、違うのかについては、それこそ各企業によって千差万別です。個人のとらえ方の問題もありますから、実態はわかりません。

何よりも重要な点は、女性たち自身が男性よりも時間と努力の投下をしないと役員や上司に認められないと思っていること、そして周囲もそのように信じている人が一定数いるということでしょう。

女性たちが「倍働かないと認められない」という強い思いを持っていることは、昇進に対するハードルをスタート地点から高めます。女性が昇進するには、高度成長期のモーレツ社員並みに多くの時間を仕事に捧げることが、不可欠だと思っている。

その上で結婚・出産・育児もうまくこなすことを求められるのであれば、尋常でない活動量と仕事量になります。この状態がオフィス内で当然の現象であるとすれば、多くの女性たちは昇進に対して、身構える姿勢になるのは間違いありません。

この種の伝説がまかり通っている、もしくは本当に女性の業績評定が男性より低くカウントされているのであれば、それこそが女性管理職、マネージャーやリーダーを育成するための最大の障害であり、早急に企業が取り組むべき課題です。

「結果でみる欧米」と「努力でみる日本」

女性登用が進んでいる欧米に目を向けてみます。アメリカで女性の管理職、マネージャーやリーダーには、ガラスの天井があると指摘された1980年代から、多くの女性向けのビジネス書が書かれ、「どうすればビジネス社会で成功をすることができるのか」について論じられてきました。

1989年にアメリカでベストセラーになった「ビジネスマンの父から娘への25通の手紙」では、父親から娘に対してビジネス社会における成功のための行動の極意を教えています。その中で、

「ビジネス社会は男社会で不平等なのが現実である。常にユーモアを忘れず努力し、業績をあげ、よき組織人となって成長しなさい」

というアドバイスが目立ちます。欧米で書かれた女性対象のビジネス書は、表現の仕方が違うだけで内容は非常に似通っています。女性が昇進していく秘訣として、

・男性社会のルールを知りなさい

・ビジネスはスポーツのようなもの（大部分を占める男性メンバーにとって）、よいチームメンバーになりなさい

・チームの中で温かい家族としての役割を演じなさい

・何より結果を出しなさい

などの事柄が繰り返し述べられています。よきチームメンバーになること、業績をアピールすることは、これらの書籍で昇進を勝ち取るために必要だとして、推奨している行動です。努力のアピールについては、ほとんど触れられていません。

たとえば、世界的な大ベストセラーになった『LEAN IN』（日本経済新聞出版社）でシェリル・サンドバーグは、女性は自分の業績を正当にアピールしないし、社会も女性が業績や結果のアピールをすることを好まない傾向が強い。女性は考え方を変え、壁を破り、自ら欲しいものを得るために主張すべきだ、と繰り返し説いています。

これらの議論には、昇進を勝ち取るために努力をアピールするという話は、まったく出てきません。努力は所与条件で、あえて語るものではないのです。

結果のアピールのみに重点が置かれています。訴訟社会では努力のアピールをうながすことは、ハラスメントと受け止められる可能性もあります。ですから、表だって取り上げられないということもあるのでしょう。

一方、日本ではビジネス現場においても、またメディアにおいても成功した女性管理職、マネージャーやリーダーが、「男性の数倍は努力した」という努力のアピールと業績のアピールをセットで行うことが圧倒的です。努力したというストーリーなしで、業績のみのアピールを推奨することは少ないのが現実です。

穿《うが》った見方ですが、日本では昇進した女性が自らの投下した努力を強くアピールすることで昇進の正当性をことさら強調している印象さえ持ちます。

VOL.
03

努力を時間の総量で計るこっけいさ

女性が昇進することの裏で男性の倍働いている姿があるとする神話が、日本で根強く語られるのはなぜか。

ビジネスの現場における努力のとらえ方が、日本と欧米では違うからだと考えてます。IBMで役員を務め、その後、ベネッセコーポレーションの副会長なども務めた内永ゆか子さんは著書の中で、彼女が自分のキャリアを語った際に最も多くの人から聞かれたのは、

「男性の倍働いたのでしょう?」

という質問だというエピソードを述べています。その質問に対して内永さんは常に、

「ノー」

と答え、理由として日本の男性は非常によく働くので、それ以上働くことは物理的に無理であるとしています。内永さんは「倍働く」ことを時間軸でとらえています。確かに時間軸でとらえると、1日は24時間しかありませんから、物理的に男性社員の2、3倍働くことは不可能です。

しかし、インタビューした多くの女性たちは「倍働く」という意味を、自らが投下した努

力の総量と置き換えて理解していました。物理的な時間の長短をイメージしているのではなく、あくまでも測定不能な感情的なものでした。

「男性の倍働いた」は、ほかの男性が遊んでいるときでも、自分は仕事をし、努力を積み重ねたと自負している気持ちを表現した言葉なのです。実際のところ本当に男性の倍努力しているのかは、誰もわかりません。本人が思っているだけなのかもしれません。むしろ目に見えないから余計やっかいとも言えます。

女性が昇進するためには、男性の倍働かなくてはいけないという神話は、男性よりも厳しく困難な道を歩き業績を出したという女性たちの思いが大きく影響しています。

企業側も、多数派である男性と比較すると少数派である女性には、マネジメント上の重要な意思決定をさせてきませんでした。よって、社会も女性は男性よりもビジネスの現場では、経験が少ないと思っている現状があるわけです。

女性の経験の少なさ、本人の自信のなさ、先駆者の女性管理職のモーレツな努力話の積み上げなど、さまざまな要素があいまって、昇進するためには男性よりも努力しなくてはいけない、という強迫観念が多くの女性たちに植え込まれます。

同時に社会も、女性が昇進するには男性よりも努力しなくてはいけないという考えをより折に触れて女性たちに刷り込みます。これらのできごとがハードに響いて、実力をつけることこそが女性を守ると信じる根拠となったのかもしれません。「倍働かなくてはいけない」という強迫観念の循環サイクルの発生が、より女性を生きにくくさせているという事実なのです。

「スカートを履いたオジサン」として生きる

少し違う角度から考えましょう。

男性の倍働くという言葉で現れているように、なぜ、男性基準で計ろうとするのでしょうか。ある雇均法世代の管理職が自分のキャリアを振り返って語った、最も私の心に残っているエピソードを紹介します。

S美さん（金融　管理職）

男性の2倍、3倍仕事をやらないと認めてもらえないというプレッシャーに耐え、総合職で入社しているため、一般職である事務職の『女性』とは違うと、ある種の選民意識を持って仕事をしてきました。

男社会の会社で、キミたちが頑張らないと後が続かないと焚きつけられ、気がつくと周りのオジサンたちに同化していました。

『自分らしく』なんて女性誌に書いてあるワーキングウーマンの働き方からほど遠く生きてきましたね。キャリアウーマンなんてかっこいいモノではありません。だって男性と同じようにアフター5も飲んで、騒いで、そういうコミュニケーションの取り方をしないと、『コミュニケーション不足』と言われてしまう。

人事考課のところで『コミュニケーション下手』と書かれたら会社員生活は大打撃ですから。

日本の会社のコミュニケーションは、『飲みニケーション』だと多くの人が信じている業界です。その中で、気がつくと、スカートを履いたオジサンになっていました。オヤジ化することで、日々をしのいできたような気がします。

彼女は総合職として入社し、男性と同様に働き（本人は数倍働いたと自己評価）順調に昇進してきました。その途中で管理職としての振る舞いが、ほぼ男性と同様になっている自分に気がつきます。

彼女の名誉のために言っておくと、決して「オジサン」などではなく、とてもチャーミングな女性です。男性が圧倒的に多い中で、同じオフィス内での男性の振る舞いや意思決定の仕方を彼女なりにコピーし、実行し、企業人として過ごしてきました。

管理職になってふと振り返ってみると、自分が若いときから見てきた周りのオジサンたちと、ほぼ同化している自分がそこにいることに気がついた、ということでしょうか。

現在、管理職、マネージャーやリーダーでいる多くの女性たちに共通している特徴は、男性たちの働き方や振る舞い方が彼女たちの職場における基準となっていることなのです。男性を基準値として、自分たちの働き方を計ろうとするのです。

自分たちのありのままの振る舞いや考え方を可とするのではなく、男性の、もっとハッキリと言うと、男性たちの働き方やマネジメントの場面での振る舞い方を、自分の中での正解にしてしまう。彼らの振る舞いや考え方をモデリングして自分のものとするのです。

その結果、「スカートを履いたオジサン」が発生します。企業側の視点から言えば、圧倒的多数派の男性にとって自分たちと似ている要素が多い女性のほうが安心して部下として使えただろうし、躊躇《ちゅうちょ》なく昇進させることができたのでしょう。

なぜ、彼女たちは男性と同化するのか、その答えは簡単です。同化することのほうが組織の中で生きていく際に困難さが少ないからです。有り体に言うと、男性が圧倒的に多数派で、企業の中では標準だからです。沈黙の螺旋理論《らせんりろん》を応用すると説明がしやすくなります。

スパイラル的に発生する「オジサンもどき」

沈黙の螺旋理論は、1974年にノイマン（Neumann）によって、発表された論文で社会心理学のエポックメイキングな理論です。この理論自体は、世論の形成について研究されたものですが、次のポイントがあります。

まず、人間は集団の中で孤立することを恐れる生きものであることです。そして、多数派の意見にしたがおうとする行動が一般的です。自分の意見が多数派だと判断されるとますます発言するようになり、少数派だと黙ってしまう。

それによって多数派は、ますます多数派に見えるようになり、少数派は影を潜めているように見えてしまう。ノイマンは多数派が世論を形成していくプロセスを螺旋にたとえました。

少数派の女性は、少数派であるがゆえに大きな声が出せず、多数派であるオジサンと同化することで、身の安全を図ろうとしています。少数派としての主張をしない。主張しても自分たちにとって得になることが、何にもないと思っているからです。

彼女たちが自らの考え方や身の処し方について、オジサン化を進め、女性としての意見や考えを積極的に表明せずに沈黙を保ち続けると、企業の中でどんどん少数派の意見は忘れ去られていくのです。

女性は黙って自分の主張をし続けない。ここがポイントで、短期的に勢いよく主張したとしても、そのうちあまりに話が通らないと、主張し続けることがバカバカしくなってどんどんと静かになっていく。これがよくあるパターンです。それと同時に、自らを、オジサン化、男性化して対応しはじめます。そうなると、企業内の世論は今までのやり方でいいのだと間違った理解をし、男性主体だがますます進みます。

こうして男性基準の考え方や働き方が企業の中でデファクトスタンダード（事実上の標準）となるわけです。デファクトスタンダードにのっとると、女性は男性と比較して昇進について圧倒的に不利でした。昇進の道に乗るには、業績を上げることはもちろんのこと、古典的な男性の働き方、すなわち生活の多くの部分を会社と、会社の人たちといっしょに、滞りなく過ごすことが不可欠でした。

この働き方の前提は、男性が仕事だけに没頭できる環境があることです。家庭は専業主婦である女性が守り、男性は社会で働きお金を稼ぎ会社の仲間とアフター5を過ごすという伝統的な役割分担が基盤にありました。女性が結婚・出産・育児をしながら、男性と同じように働き、評価され企業内で順調に昇進していくことは事実上、不可能です。昇進を目指すには、何かを諦めることが求められました。平たく言えば、スカートを履いたオジサンになることが、つつがなく仕事をこなしていくためには必要だったのです。

女性はそもそも違う性である男性基準に合わせるために必要以上に頑張る。頑張りすぎる女性管理職を見て周囲の女性たちは、

「あんなふうに自分はできない」

と、最初から管理職を目指すことをしないのです。

「仕事に命をかけている。私は、ああはなりたくない」

と、後輩が興ざめする状況が繰り返されてスパイラル状に展開されているのが、現在の企業が抱える病理です。だから女性たちには管理職というポストが魅力に映らないでしょう。何よりも本人が肉体的にも精神的にも、疲弊していくのは間違いありません。

今までの社会システムや考え方をまったく変えずに、女性にスカートを履いたオジサンになることを求め、それを昇進の第一要件とするのならば、正直に申し上げて女性のほとんどが昇進したいとは思わないでしょう。

女性に男性と同じ振る舞い、同じ思考パターンを求め、同一種族の一員として昇進させるのではなく、今までと違う新しい基準、新しい考え方で男女共に昇進を求めるほうがより現実的です。また、よりこの複雑化した社会に適応していると思うのですが、いかがでしょうか。

VOL.
04

「バックティー・シンドローム」の患者

みなさんは、ゴルフをしますか？

人に聞いておいて失礼ですが、私はしません。今後もしないと思います。しかし、ゴルフ狂の一族に生まれて、ゴルフ狂の配偶者を得たので常にゴルフは身近なものでした。ゴルフ場のレストランでスターティングホールの人々を眺めるのは、私の密かな趣味です。

ゴルフをしない私が説明するのも何ですが、各ホールのティーはゴルフ場によって違いはありますが、だいたい3～4つあります。一番前のレディースティー、真ん中のミドルティー、プロやゴルフの腕に自信がある男性が試合で使う、バックティーです。

ゴルフは老若男女、すべての人が平等に楽しめるように作られたスポーツです。そのため女性には、男性との力の差をなくすためハンディというものがあります。力のない人は前のティーから、力がある人は後ろのティーをそれぞれ選んで打ちはじめます。

女性は男性より筋力がない場合が多いので、前のティーから打ちますし、それに対して文句をつける人はいません。一般的な男性は、2番目のティーから打ちます。プロが使うバックティーで打つ必要はありません。勝敗に関係がないからです。このゴルフのルールを知っ

てから私は女性の

「男性と同じではダメ、男性の倍働かなくては認められない」

という強迫観念ともとれる発言を聞いたり、目にしたりするたびに、

「レディースティーではなくて、バックティーで打たなくては認められない」

と、苦行に取り組む頑張り屋の女性ゴルファーの姿が頭に浮かびます。

本来、スポーツは試合に勝つことが重要であるはずです（試合に勝たなくても努力するプロセスが大事だというスポーツ精神論は横に置いておきましょう）。勝つための方法をどうするのかについては、プレーヤーに委ねられているはずです。

しかし、彼女たちは一所懸命バックティーで打とうとする。その苦行をしないと、周囲から一人前だと認められないと思っている。周囲のプレーヤーもバックティーから女性が打とうと奮闘することを、積極的に賛成はしないにせよ、容認する。内心、「そんなことをしなくてもいいのに」と、思っていても、公衆の面前では「さすが」「根性がある」などとしてバックティーで打つことを賞賛し、知らない間に女性がバックティーで打つことが当たり前となってしまう。周囲も「バックティーで打たなくてもいいよ」と言わず、むしろその姿勢を評価する動きに出てしまうのです。

その結果、一般男性プレーヤーが使うティーよりも、より難度の高いティーで打たないと、

周囲からその価値を認めてもらえないと信じて、女性は一生懸命、必要以上の苦難を自分に課しているように、私には思えます。

彼女たちがバックティーで打たなくてはいけないという思いに至ったのは、それなりの理由があります。

男性以上の困難な環境で勝たないと、周囲から「女性向けのゲタを履かせてもらった」と言われるのを予測して、それを避けたい気持ちと、男性と同等、もしくはそれ以上の状況でスタートしないと周囲から認めてもらえないという自分自身の思い。周囲からの「男性より頑張らないといけない」というプレッシャーもあるのでしょう。

すべての思いが複雑に絡まってバックティーで打とうと考えるようになったのだと思います。

問題は、一生懸命、無理をしてバックティーで打っていても、失敗したらひきずり下ろされるという不安を女性は抱えてプレーをしていることです。不必要な不安を抱えて余計なプレッシャーの下で、仕事をしている状態は健全ではありません。これこそ私が危惧するところです。

男性の倍働かないと認められないというのは、日本の女性たちの一部が持つある種の信仰です。強迫観念と言ってもいい。

入社以来、周囲からすり込まれもしたのでしょうし、実際に経験したのかもしれない。同じ仕事をしていても、男性のほうが先に昇進していくケースは今までの日本に多々ありました。それらの経験から、倍働かなくてはいけないという信仰を持ったのかもしれません。

女性が男性の倍働いて業績を出さないと、男性と同等だとは認められないと信じ、猛烈に努力をして働き続け、周囲もそれを後押しする現象を今後、バックティー・シンドロームと呼ぶことにしますが、これこそが、女性が管理職になることをためらわせる。あるいは、管理職になった後も生きづらくさせている一つの要因だと、私は考えています。

女性が努力しなくてはならないと思うこと自体は、悪いことではありません。しかし、バックティー・シンドロームの事象が生み出された環境を変えていかずに、自分らしいスタイルで仕事に取り組み、継続的に良い仕事を生み出せる女性管理職、マネージャーやリーダーを多く育てることは不可能です。

バックティー・シンドロームをどのように克服していくのか、その治療法を見つけ確立すること、そして、バックティー・シンドロームに罹患しないように予防し、努力をすることが、今後、我が国が女性リーダーたちを増加させ、その能力を思う存分発揮してもらうためには不可欠な課題だと思っています。

図表07

バックティー・シンドロームの構造

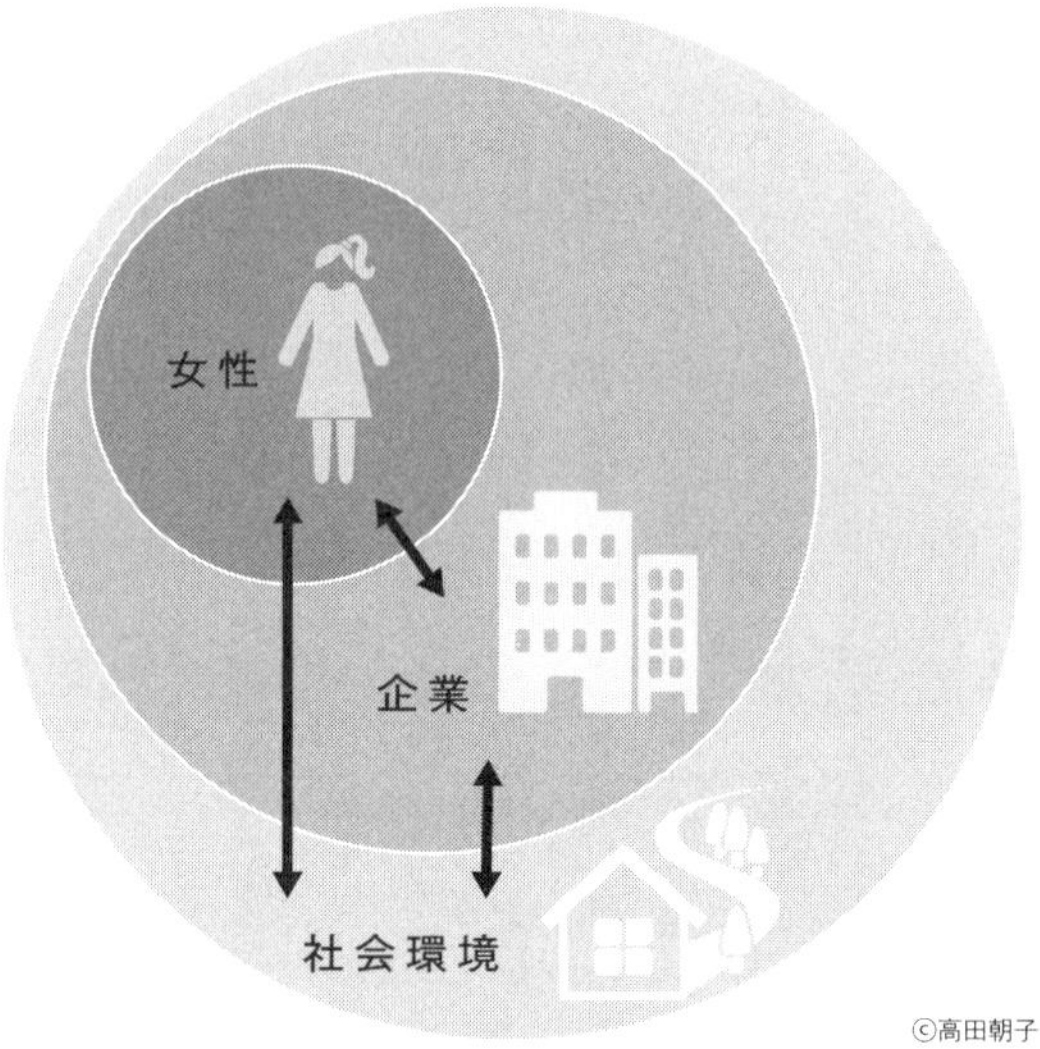

©高田朝子 2016

最初の罹患者はパイオニア世代

図表07は、バックティー・シンドロームの構造を図式化したものです。女性、企業、社会環境の三つの要素はお互いに影響しあっています。バックティー・シンドロームも、女性たちを取り巻く組織・社会環境という異なる要素の相互作用の中で生まれてきたものです。

決して女性が勝手に思い込み、もがいて勝手に病気にかかっているわけではありません。バックティー・シンドロームが、なぜ、発生するかを考えるときに、それぞれの要素を踏まえて考える必要があります。

最初に女性たちに視座をおいてみ

ましょう。

この際に、現在執行役員などになっている人たちをじっくり見ていくと、発生のメカニズムがクリアになります。彼女たちはこうした立場の礎《いしずえ》を作った世代であり、バックティー・シンドロームの最初の罹患者だと考えられるからです。

以前、私と共同研究者は東証上場全企業を対象に、執行役員以上の女性の調査をしました(高田、横田 2015)。地道に有価証券報告書などに記載されている経歴を調べて、大株主であるとか、ヘッドハンティングされてきたであろう人たちを除き、女性の執行役員以上で内部昇進者と考えられる人を中心にリストアップしました。そもそも執行役員クラスが少ないので、急激に数が削られ50人弱になりました。

リストを作り、上段から連絡を取りました。次々に断られましたが、その中で8名から許可を得て、かなり長いインタビュー調査をしました。彼女たちの年齢層は1名が30代で40代後半〜50代が大半でした。既婚者は4名でした。くわしく言うと、パイオニア世代が5名、雇均法世代が2名、第3世代が1名でした。

特徴的であったのが、最初のリストにあった50社とインタビューした8名8社のすべてが、女性の社員比率が平均的に高い、小売り業、サービス業、マスコミに属する企業でした。男性比率が圧倒的に高い製造業は含まれていませんでした。

発生のメカニズム

インタビューで共通して語られたのは、女性が昇進するときの生きにくさについてでした。社会そのものが男性優位であり、社内の昇進システムが男性を念頭において作られていることで苦労をしたことを全員があげ、それに対して工夫と努力の結果で、今があると振り返っていたのです。

仕事を真面目にやるうちにおもしろくなり、結婚退職もせず（8人中4人が既婚）、努力して障害を取り除き、目の前の仕事を片づけていたら、気がついたら今の地位にあったと振り返っていました。

特徴的なのは、少数派である自分の立場を意識しているという種類の発言でしょう。全員の口からこれを聞きました。少数派であることで目立ち、有力者に覚えてもらえて、直接何らかの交渉ができるという利点が女性の立場にはあること。自分が相手のことを覚えていなくても、相手が自分のことを覚えていることが多いため、仕事をラクに進められたという趣旨の話は、全員から聞きました。

さらに興味深いのは「少数派であることで有力者と気軽に話せる」という事実と、昇進とを関連づけて語られることに、非常に強い拒否反応があったことです。

T子さん（マスコミ）

自分たちがやりたいことがあるときに、意思決定権をもっている人に説明しにいくときがあります。別にごり押ししているわけでもなんでもないんです。私たちは普通にやっているつもりなんですけども、向こう（交渉されている有力者側）からすると、『アイツら、わがまま通すなぁ』となる。じゃあ、断ればいいじゃないと思いますけど、これがやっぱり女の人の強みなのでしょうね。いいものを作りたいという一心ですから。

私が若かった頃の女性は、最初から頭数に入っていなかったというか、そういう意味での自由はありました。男性の同期からは、『好き勝手ができていいなぁ』とよく言われたかな。

少数派であることを利用してはいるものの、それを全体の利益のために使っていて、決して自分の昇進という個人の利益に紐づけしていないというのが、少数派であることを利用したという話にセットで必ず語られていた特徴でした。

サービス産業の執行役員は、女性であることで自分の業績を割り引かれて評価されるのは、日常茶飯事だと話していました。

「女性だからうまいことやって、実力以上の評価を受けているのでしょう」という偏見への対抗策として、自分の努力や業績のアピールをしていることを語っています。

M世さん（サービス業）

女性だから得をしているとか、甘く評価されていると言われるのが、すごく嫌だったんです。もう慣れましたが、今でもいい気持ちはしません。一生懸命やって、誰よりも必死に取り組んだ結果なのに、男性からも一般職の女性たちからも、『女の人は得ですよね』というニュアンスのことを言われる。そんなに簡単なものではないのに……。人前では、そんなことは言いませんけどね。

いくらやっても、女性だからゲタを履かせてもらっているともとれる話をされると、いったい何を言いたいのよ、と思ってしまいます。だからこそ、結果を出すことが大事なんだと思ってやってきました。そういう意味では、私は頑固なのかもしれません。

女性であることを利用して、自分の仕事をやりやすくするために行動する。表現するならば、受ける印象はさまざまです。ある人は性的なアピールのある女性を思い浮かべて嫌らしい印象を持つかもしれません。ある人は甘えた声で男性を手玉にとって自分の意志を通す女性を思い浮かべて不愉快になるかもしれません。しかし、ここで「女性であること」

という言葉にかえて、たとえば、「有力なコネ」とか「高い語学力」という言葉を代わりに入れてみたらどうでしょうか。印象が変わるのではないでしょうか。

これらの言葉を入れ替えてみると、ビジネスパーソンの日常的な行動です。自分の持っている特性や資産を使って、営業活動するのは当然のことです。少数派ということは、分類の一つの記号。特性と言ってもいい。拡大解釈をして大騒ぎすることではありません。

しかし、女性たちは「女性であることを利用して昇進した」と言われることに対して、極端な拒否反応を示しました。実力以上の甘い評価どころか、少数派ゆえの苦労を経験し、闘って昇進を勝ち取ったと自負しています。

この強い自負があるからこそ、ゲタを履かされたのではないことを証明するために猛烈に働き、業績のみならず努力もアピールするのです。

あたかも少数派であることを利用して昇進したと他人から微塵でも思われることが、自分の昇進の価値と自負を傷つけると思っているかのようです。正規ルートではない裏口から「ずる」をして昇進したと思われたくない、昇進は達成した業績の結果の正当なものであると強調するために、女性たちは一層、努力のアピールをするのかもしれません。

単純に、そして率直に彼女たちの業績を周囲が認め、その結果の昇進であることを周囲が明確に評価すること以外、バックティー・シンドロームを治療する方法はありません。

VOL.
05

「しなやか信仰」と「昇進推奨」

しなやか信仰と昇進という二つの事象は、そもそも相反する要素を含んでいます。昇進するには、積極的に主導権をとり、仕事を捌《さば》き、ときには男性を押しのけて主張し、業績を上げることが求められます。

これらの行動は女性らしく、しなやかに働くことこそが女性のあるべき姿とされてきたことに相反します。しなやかさと相反するガツガツさの要素を多く含んでいます。しなやか信仰の視点から業績を上げる女性をみると、そこにミスマッチが発生するのです。

女性が主張することは品がない？

フェイスブック社の役員であるサンドバーグは、「男性が強気で交渉しても、ほとんどの場合、マイナスにはならない。男性が自分をアピールし、自分の貢献を誇示するのは当然とみなされているし、それによって評価され、報われもする。だが、女性は他人に気配りを示すものと考えられており、自己の利益を追求したり、強く自分をアピールしたりすれば、男にも女にも眉をひそめられることになりかねない」としています。

周囲の男性は、女性がいろいろと気を配るのは当たり前で、たとえ女性が組織のために自分を捨てて貢献したとしても、それに対して周囲は正当な評価をしない。これらの要素がお互いに影響し合って女性は、昇進しないのだと指摘しています。

アメリカにおいてもこの調子ですから、しなやか信仰の日本ではこの傾向は、もっと強くなります。

今まで女性は同じ土俵に乗っているコンペティターであり、同位置のパートナーという意識が男性にはほとんどありませんでした。女性社員は何歳でも「女の子」扱いで、男性の補助的な仕事をするのが役割であると、長い間、信じられてきたのです。

このような傾向が強い日本企業で女性が突出してきたときに、彼女たちが受ける陰口は想像にたやすいと思います。たとえば、

「女性である（少数派である）ことを役員連中の男性集団に利用して嫌らしい」

「あの人は役員のお気に入りだから」

「昇進は実力ではないよ」

「女性登用の波にのって実力以上の地位についちゃって」

などです。どうです？　よくありそうな話でしょう？

困った点は、女性たち自身もそう思っていることです。女性であること、少数派であることを利用することは卑劣（ここまで強い意味ではありませんが）。ごりごり目的を達成するのは女性らしくない。何しろ「女性はしなやかに」が基本的な発想なので、しなやか信仰と業績を上げて勝ちとる昇進は、根本的に相容れない事象なのです。

「滅私奉公こそ美徳」という思い込み

なぜなのか。私の専門から言えば、次のように説明できます。

「認知的不協和」が女性と彼女の周りに生まれるからです。女性は控えめで調整型の行動をとり、献身的に周囲につくすという昔から刷り込まれた像に相反するからです。しなやかと業績という性質的に相反することを同時に達成しようとするので当然のことです。不協和状態は、人に不快な緊張状態を与えます。

これが居心地の悪さの正体です。居心地の悪さを低減しようとして、人間はもがきます。認知的要素の一方を変化させたり、新たな要素を加えたりして、「認知的不協和」を低減させようとするのです。違った視点から事態を見直すことで、居心地の悪さをなくそうとするのです。

多くの女性管理職へのインタビューで、現在の地位を得た理由として彼女たちが強調してきたのは、男性の数倍努力したことと、その結果である業績の二つでした。男性並みに働き、ときには闘い、業績を上げるという行動と努力は、やればやるほどしなやかさとは相反し、不協和が生まれます。

業績を上げることは、世の中の人が考える女性らしくない振る舞いを多くしていることと、同義だからです。不協和を埋めるために出てくるストーリーが「男性の○倍、私は努力した」というおなじみのものです。

私たちの国では、努力と勤勉は美徳です。結果と同様にプロセスを重視するので、努力は必ず求められるアイテムです。逆境の中、努力して栄冠をつかみ取るというのは、すべてのドラマ、漫画、そして小説の定番ストーリーです。努力して業績を上げることは、仕事の王道です。

女性は自分が男性の倍以上に努力したというストーリーを語ることによって、少数派であることを利用してうまいことやって、濡れ手で粟的に成功をつかんだのではない。努力の結果に現在の成功があるという、日本人が受け入れられやすいストーリーにリフレーミング、即ち考え方の枠組みを変化させているのです。

その上で努力の方向についてもリフレーミングを起こしています。「企業のために」という視点です。リフレーミングは、あるフレームでとらえられている物事の枠をはずして、違う枠組みで見ることを言います。彼女たちが男性の倍、取り組んできた努力は、個人の利益のためにやっているのではなく、企業の利益のためにやっていると考えるのです。本当はすべて自分に返ってくるのですが、少なくとも公的な場面では、「会社のために頑張りました」と強調することで、受ける印象が変わります。無私の行動は、女性がとる古典的な美徳とされてきたからです。

自分の努力に会社のためにという視点を加えることにより、しなやかさの度合いが増え、居心地の悪さが希薄化していく。

業績を得るために男性よりも猛烈に努力をする。その努力は、会社のためという公共の利益のためである。結果的に努力とその結果の業績は自分の評価に返ってきますから、本当のところは自分のための努力であることは間違いありません。

しかし、みんなのためにという錦の御旗をたて、考え方の枠組みを変えることで、自分の利益のためにガツガツやるという部分を覆いかぶせることが可能です。女性だから甘く評価されている、得をしているというある種の偏見に対して、自分の正当性を示し、自分の中の不協和を解消するためにしようと、女性たちは無意識に必要以上に努力をし、そのアピールをしているのではないでしょうか。

VOL. 06

バックティー・シンドロームの正体

バックティー・シンドロームは、男性優位を司とする企業や社会やその中にいる人々の意識やシステムが複合的に影響しあって生まれます。その根本にあるのは、女性の能力と行動についての二つのマインドセットです。

一つは男性のほうが女性よりも能力的に優れているという偏見です。科学的根拠はまったくありませんが、文化的に信じられてきたマインドセットです。もう一つは、日本のしなやか信仰、つまり、女性は男性をたて、正面切って闘わないという女性の行動に対するマインドセットです。

これらのマインドセットの存在が、先ほど申し上げた認知的不協和を生み出す源泉となります。昇進し、業績をあげバリバリ仕事する女性は、女性はおとなしく補助的な仕事をするというマインドセットの範疇からはみ出たもので、認知的な協和を乱すものだからです。この種のマインドセットを持つ人々が多くいるところに、男性の働き方を主体とし、なおかつそれを司とする評価システムがある。

このような環境下で女性が業績を上げようと行動すると、「男性に追いつくために、女性はより努力しなくてはいけない」という発想が、女性にも男性にも生まれやすい。そして、女性は一生懸命に働き、その結果、女性が男性を超えて昇進すると、「女性だから実力以上の甘い評価」をされたと解釈する人が現れる。それを打ち消そうと、女性はますます働く。こうして、負のスパイラル現象が発生します。

このスパイラルを観察していた若い女性たちは、同様に自分たちも先輩のように男性以上の努力をしなくては認めてもらえないという誤った構図を刷り込まれます。

これから先は二極化します。自分も渦に飛び込むか、もしくは「あんなことは自分にはできない」と企業での昇進を目指すことを拒否するかです。その結果、スパイラルが拡大化していくのです。この一連のできごとが、バックティー・シンドロームの本当の姿です。そして、これこそが企業の抱える最大の問題なのです。

結果を出し、それを正当に評価するという簡単なことが基盤にあれば、バックティー・シンドロームは生まれません。ゴルフにたとえるなら、前のティーから打とうが打たなかろうが、勝負に勝ちさえすればそれで良い。いい仕事をしてその結果を正当に評価できれば何の問題もありません。

しかし、実際には男性よりも努力したとアピールしないと女性が同じように評価されない状態が恒常的にあり、バックティー・シンドロームがより強化されているのです。

VOL.
07

ミスリードを軌道修正しよう

バックティー・シンドロームの治療は、私たちが最優先で手をつけなくてはいけない課題です。バックティー・シンドロームに罹患している限り、ビジネス社会で女性は非常に生きにくい。また、それを見ている管理職、マネージャーやリーダー予備軍の女性たちにとっても、自分のキャリアの延長線上に管理職を位置づけることに不安を持ちます。

人の心の底にある信念や考え方そのものを変えることは、マネジメントの力ではむずかしいのです。

人の心は、何層にも重なってマインドセットが存在し、外部からの影響で変化ができるものと、そうでないものがあるからです。

たとえば、敬虔なクリスチャンに、「キリスト教の教えはおかしいから信仰をやめなさい」と説明しても何も変わりません。これは信念の部分だからです（誤解のないように付け加えます。私はミッションスクール育ちですからキリスト教に対して、強い敬意を持っています）。

ところが、「タバコは体に悪いからやめなさい」と言った場合、最終的に決めるのは本人の意思です。信仰を変えるよりも変化のハードルは劇的に低い。

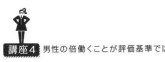

覚えておいて欲しいことは、人の変化というのは、何らかの影響を与えられるものと与えられないものがあって、それは個人によって大きく違うということです。

最終的には変化を選択するのもしないのも個人の自由。マネジメントができることは、変化につながるであろう事象の発生確率を上げる取り組みや働きかけです。それから先は、個人の意思決定なのです。では、企業サイド、女性サイドにあなたがどのように働きかけをすべきかを分けて考えてみましょう。

バックティーで打たなくてもいい

昨今の世間的な流れと、経営施策で、だれもが男性優位のマインドセットを一新したかというと、それは違います。心の持ちようと、とらなくてはいけない施策がちぐはぐになっているのが、過渡期の社会の特徴です。企業はしくみと働きかけの面で、このちぐはぐさを埋めていかなければなりません。

企業が最初にやらなくてはいけないのは、女性にバックティーで打たなくていいことを理解してもらう環境を作ることでしょう。

これには女性自身の意識改革をするだけではダメで、社員全体の意識改革が不可欠です。

個人の信念とも言うべき深いところの男性優位意識については、何とも言えませんが、少なくても会社に帰属し、働くときのマインドセットについてはそれでは困ります。働きかけを企業はするべきです。

「思想統制をしましょう」と言っているのではありません。

評価方法を変えよう

具体的に説明していきましょう。

企業には何をさしおいても評価の公正性と透明性を示し、それを維持することが求められます。口では、「女性活躍推進」だの「これから日本は女性の時代である」「あなた方に期待しています」だの「ぜひ、いきいき自分らしく働いてください」と、語りかけることは簡単です。

しかし、女性たちはあなたが本気なのかを時間をかけて極めて冷ややかに観察しています。明らかに男性優位の評価基準で評価していることが示されたならば、彼女たちは、決してバックティー・シンドロームから解放されないでしょう。

営業数字が毎期、明確に出せるような種類の仕事であれば、数字がすべてを示します。

それであれば、比較的公正さが示せるかもしれません。単純に数字がすべてといった職場だったら、比較的簡単かもしれません。

しかし、一般的には個別営業よりもチーム営業のほうが多く、企画型の仕事はチームでやることが主流になります。そうするとチーム内での業績評価の透明性の担保という問題が発生します。

たとえば、チームでとった新しい顧客のファーストコンタクトから資料作成までを頑張ったのは、N香さん。しかし、最終的にプレゼンテーションをし、その後、部長と一緒に顧客の接待で顧客とすっかり仲良くなったD輔くんのほうを企業が高く評価したとしたら、どうでしょうか。

N香さんのモチベーションが、著しく下がります。口では女性を評価すると言っても、結局、昔と変わっていない。男性の倍働いて、スカートを履いたオジサンにならなくては評価されないのか、と思うかもしれません。

N香さんのまわりの女性もその評価を見て同じように、あなたの「女性に期待しているアピール」の底の薄さを見抜くことでしょう。

今までの評価の仕方では、バックティー・シンドロームの慢性化が進むだけなのです。

では、どうすればいいのでしょう?

評価は個人の主観の影響を受けますから、完全に公平ということはありえません。大事な点は評価を受ける人が、ある程度の納得感をもてる公平性が担保されていることです。結果が数字として出てきにくい部門の評価には、特に注意を払う必要があります。

360度評価とまではいかなくても、複数の人が必ず評価に加わる。一人ひとりの信念にまで他人は入っていけません。一人だけで行う評価は、当たり外れがどうしても発生します。

公正公平に評価していると信じていても、実際には偏っていることはよく見られます。複数の人間が入ることで、評価基準を共有化しなくてはいけなくなります。これは評価の透明性という観点からもプラスに作用します。特に評価の透明性の担保は、チームを率いるあなたにこそ必要な要素です。評価には必ず評価者の主観部分が入ります。そこをできる限りオープンにしておきましょう。

あなたは何を基準に人を評価するのかをあらかじめメンバーに示しておくべきです。その上で評価を本人にフィードバックするのもよいでしょう。

大事な点は、よくわからない理屈で評価されていると、女性たちが思わないようにすることです。きちんと結果とプロセスを評価されていると理解すれば、バックティー・シンドロームに陥る必要はなくなります。

成功例を早く作ろう

人間は証拠を求める生きものです。ですから企業は、バックティー・シンドロームに罹患していない、自分なりのスタンスで仕事に取り組み、成果を上げ、評価をされて昇進した実例、端的にいうと成功例を早く養成することです。

これを「官製（政府が作ること）のロールモデル」とするか否かは、それぞれの企業の意思決定です。私自身は、「官製のロールモデル」に否定的な位置にいるので、おすすめできませんが、成功例が出てくることで、女性たちは無理に男性を自分の比較対象としなくてよいことを徐々に学習していきます。

成功例を出すには、時間がかかるかもしれません。一方で、評価方法を変えたら、ダークホースが出てくるかもしれないのです。今までの評価では上位にこなかった人材が、あぶり出されてくることも考えられます。

本気で企業が女性管理職、マネージャーやリーダー養成に取り組むのだという証拠をなるべく早く出すことこそが重要なのです。

人は目の前にある現実の影響を強く受けます。新しい評価で昇進し、現実に業績を上げている女性の存在は周囲の女性たちのみならず、すべての社員に強い影響を与えます。

「うちの女の子」の呼称をやめる

最もやっかいで骨が折れるのは、男性社員の意識改革でしょう。女性に対して心理的な偏見をなくす努力をすべきでしょう。

最近、耳にする「男女同権」とか「共同参画」などというと言葉だけが、立派で大げさです。きれいな言葉でスローガンを挙げるだけではなくて、達成可能な具体的な目標を決めて、企業が本腰で取り組む姿勢を見せることが大事なのです。

社内で女性社員を「うちの女の子」と呼ばないという類の小さなことでいい。また、初期の段階では、意識的にチームメンバーに必ず女性を何人かいれるということでもいい。

「きちんと評価するから、頑張りすぎないように」と、常に男性上司が女性部下に声をかけるように心がけることが大事なのです。これらが積み重なって、少しずつ解凍がうながされていくからです。

成功体験なしには解凍はむずかしい。個人の思想は自由ですし、男性優位な思想をもつのも自由ですが、ただ、企業という働く場に入ったら、意識を切り替えなくてはいけないことを徹底させていくことが大切でしょう。そのためには、達成可能な目標を企業が設置することが不可欠です。

女性も「自分らしさ」を表現する

企業が取り組むだけでは不十分です。

女性自身も、「男性の倍働かなくてはいけない」というマインドセットを変えることです。これは非常にむずかしく、単独ではできません。周囲の人たち、上司、企業全体での取り組みが必要です。

当たり前のことですが、自分は他人そのものにはなれません。ですから、女性が男性の働き方、リーダーシップのあり方をコピーしたとしても、それはコピーでしかありません。バックティー・シンドロームの最も大きな特徴は、常に男性の働き方や考え方を基準として、自分がそれに近づこうとすることです。

しかし、それは正しいやり方ではありません。コピーする必要はないのです。ぜひとも、目前の課題に対して自分らしいアプローチで自らの思いでやりきること。まず、女性たちは自分のことをよく観察して、理解することです。その上で自分なりのやり方を見つけていく。そして男性には、そんな女性の姿を温かく見守る忍耐力も必要なのではないでしょうか。

あっ、そうだったんだ！

企業の女性管理職登用の動きは、ここ10年の話

下図は、2013年に経団連がまとめた「女性の活躍支援・推進に関する企業の取り組み事例集」に掲載されている50社の事例のうち、外資系企業を除いた47社の女性活躍推進関連の専門部署の設置、もしくは行動計画の中に女性管理職育成目標比率が設置された年度を示したものです。企業が女性管理職育成に本腰を入れ、組織的に対応をはじめた時期を示していると言っていいと思います。

2004年から設置の波がはじまり、2006年に最も多く設置されその後、2012年でまた、一つの山を迎えます。ここであげられた47社のうち、9割までが2004年以降、女性の活躍推進に力をいれている――つまり、日本企業が女性管理職に対して積極的に「何とかしよう」と思い、行動を開始したのはここ10年強の話であることがわかります。そして、管理職は一朝一夕では育ちませんから、現在まさに日本企業において女性管理職が孵化されている状態と言えます。

経団連加盟の47社が女性関連の専門部署を設置した年度

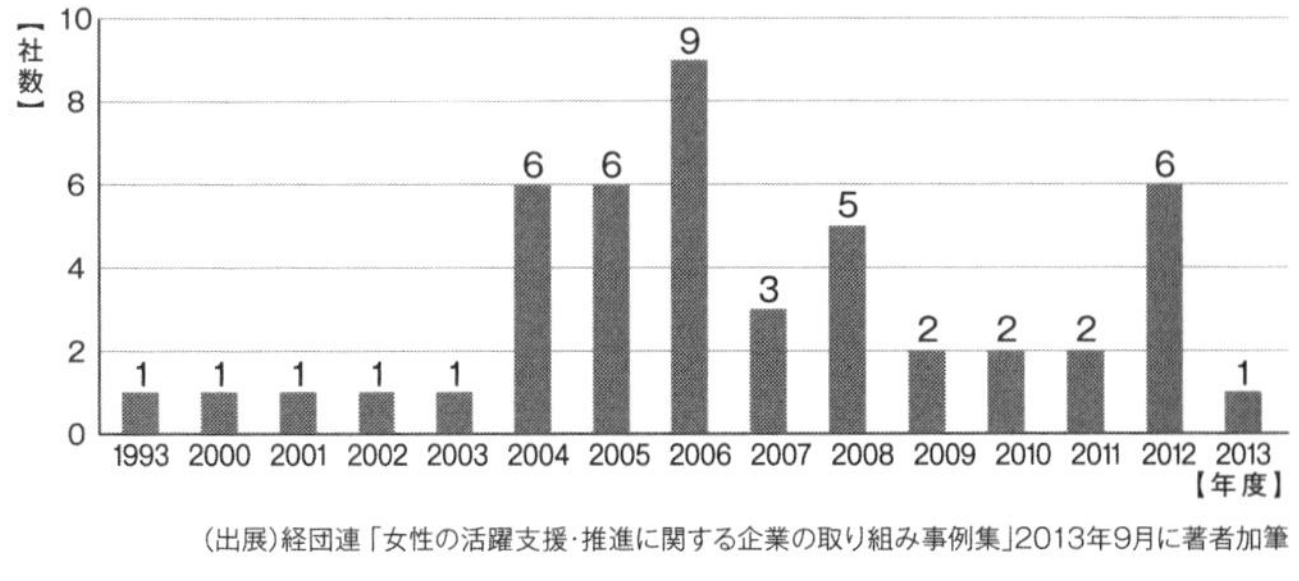

（出展）経団連「女性の活躍支援・推進に関する企業の取り組み事例集」2013年9月に著者加筆

講座5

「女性活躍推進」の先にあるもの

新たな意識・風土作りに備えよう

「女性マネージャー」育成心得

◆女性は会社の中のメンバーを疑似家族として扱う光景がよく見られます。ある大企業の女性役員の会社での振る舞い方を称して、部下が「彼女はスゴい。社長や役員のことをお父さん、お兄さんと平気で呼んで懐に入っていく。彼女に聞くと、『だって、○○常務は私の父のような存在だから』と話す。これは男性にはできない発言で、感覚だ」と表現したように、疑似家族として会社を見ているのです。

◆彼女たちは、少数派の女性の代表として自分を位置づけることが多く、失敗できないという余計なプレッシャーを抱え込んでいます。この傾向は、女性管理職の数が多くなれば減少していくと考えられますが、過渡期の現在では注意が必要です。相手が自分を同じであるとか、自分の思い込みではない真の姿を冷静に観察することからはじめましょう。

VOL.
01

「メンタルを病む人」を生むシナリオ

根本的なサポートのしくみがないまま女性活躍推進の動きが進んでいった先にあるものは、何でしょうか。

私の未来予想としては、メンタルヘルス障害を患った女性が、大量発生するのではないか、と危惧しています。別にエキセントリックなことを言って、世の中を脅したいわけではありません。

理由はいくつかあります。

男女問わずビジネスパーソンの多くに、メンタルヘルスを病むような働き方が一般化していて社会問題となっていること、女性の仕事に対するとらえ方が、男性と比較してよりストレスフルであること、女性を取り巻く企業環境が非常に厳しいなどがその大きな理由です。

メンタルヘルスを病む人が、男女ともに急増しています。図表08からもわかるように、精神障害の労災支給決定件数をみただけでも、1998年の4件から2012年の475件へ100倍以上も増加しています。

図表08

精神障害の労災支給決定件数

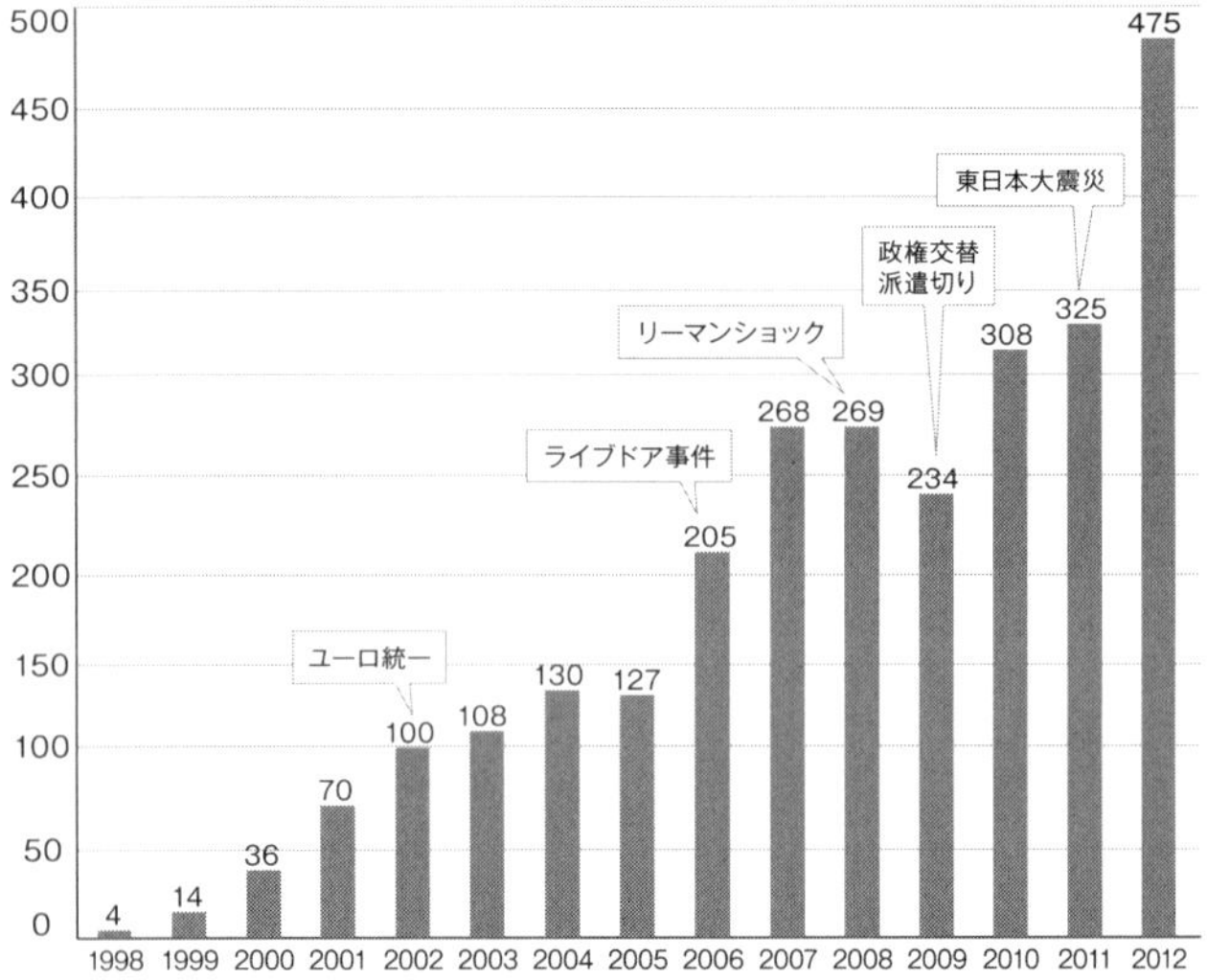

（出典）厚生労働省「精神障害等の労災保障状況」（平成24年度）に筆者が加筆

これは労災というかなりハードルが高い認定を得た罹患者の数字ですから、実際には非常に多くの苦しんでいる人がいることが推測できます。

メンタルヘルスの問題は、大きな社会問題の一つとなっているのです。それもあって国は、2015年12月から職場でのストレスチェックを義務づけました。

では、どうしてメンタルヘルス障害の人が増えているのでしょう。

当たり前ですが、その大きな理由の一つは、ストレスです。女性のことで言えば、女性活躍推進という動きのもとに積極的に女性社員の管理職、マネージャーやリーダー登用を進めようとする動きが盛んです。

労働人口減少という課題解決をする策の一つとしてこの流れは、より進行していくでしょう。少なくともしばらくの間、企業ではアファーマティブアクション（社会的・構造的な差別で不利益を受けるグループ〈女性・少数民族・障害者など〉に対し、実質的な機会均等などが採用されるところが多くなると予測できます。

また、今まで以上に多くの女性が管理職に昇進するのは確実でしょう。企業もマスコミも「女性の時代」と言って節操もなく、もてはやすと思えるからです。

現状は女性がもろ手を挙げて昇進し、自らのポテンシャルをフルに活用できる社会とは、とても言えません。さまざまな問題を企業は抱えています。しなやか信仰とバックティー・シンドロームが蔓延している日本では、女性たちは実に生きにくい環境の中にいるのです。

では、すべての要求に応えようと女性が頑張ると、どうなると思いますか？

ただでさえ人一倍働かなくてはと思っている人は、最終的には心を壊していく確率が高くなります。全員が壊れるとまでは、言っていませんが……。

しかし、まじめに仕事に取り組もうとすればするほど、メンタルを壊す人の数が増えるのは、男女問わずよく見られる現象です。全体の総数が少ない女性では、余計、比率が上がると予想できます。

性格のせいにしても根本解決にならない

バブル崩壊後、長く続いた不景気によって、企業は人件費の抑制を行い、利益を確保してきました。平たく言えば、正社員を減らし、その分、派遣やパートなどの非正規雇用者に代替を求めました。同時に企業は事務作業のＩＴ化を強烈に進めてきました。この一連の切り換え作業の中で仕事の量は減るどころか、むしろ増えたのです。

そして、多くの企業は組織の階層を減らして、管理職数を減らしました。一方で、成果主義的な給与制度を取り入れました。

組織のフラット化にともない管理職は、ただマネジメントをしているだけではなく、自らも業績を上げるために現場に立つ、プレイングマネージャーの役割を強く求められるようになりました。それゆえ仕事のストレスは以前と比較して激増し、多くのメンタルヘルス障害の患者が発生したのです。

皮肉なもので、子どもの頃はもちろん、学生時代、受験、社会人と、まじめであることはこの国で生活する中で重要な評価ポイントでした。ところがメンタルヘルス障害は、そのまじめさが仇になることが多いのです。

鬱病や適応障害、パニック障害に代表されるようなメンタルヘルス障害の正確な発生メカニズムはまだ解明されていませんが、原因としていくつかのことが指摘されています。一番大きなポイントは、発症には考え方や性格などの個人差が影響するという点です。これは実に悩ましい。この個人差の存在が患者への大きな誤解と混乱の源になるのです。同じストレスを受けても、障害を発症しない人もいます。そんな人たちからすれば、なぜ、自分は、もしくは別の誰かは無事にやり通したのに、メンタルを病む人がいるのか理解しがたい。性格が弱いとか、考え方が後ろ向きだとか、まじめすぎるというように、「その人が弱いから」という個別の理由で発症したと解釈するのです。

メンタルヘルスの問題を企業でどう取り扱うのかについては非常にむずかしい問題を多く含みます。理解がある人と、まったくわからない人ではメンタルヘルス障害への考え方が天と地ほど違います。同時に扱い方や発生を防ぐための取り組みへの熱意も違います。

私の勤めるビジネススクールにも、この種の疾患を持っている学生が入学します。厳しい入学試験を合格して入ってくるわけですから、優秀ですし、概して偏差値の高い大学出身であることが多いのですが、在学中に症状が悪化することがあります。その結果、修士論文が書けなくなったり、大学に来られなくなったりするのです。それを受けて教員が対応に奔走するような事態がときどき発生します。まあ、件数は少ないですが。

彼らへの対応を教授会でディスカッションすると、恐らく知的レベルという点では、かなり平均値が高い集団である教員の間でも温度差があることがクッキリと浮かび上がります。

「気持ちが弱いから病むんだ」

「話せば意識が変わる」

と考えている人も一定数いて、毎回、喧々囂々《けんけんごうごう》の議論になります。

「気持ちが弱いから発病するんだ」論の人々は意地悪なわけでも、無神経なわけでもなく、むしろ真剣に当該者を心配している。純粋にメンタルを病むことがわからないのでしょう。

彼らがビジネスの現場で最前線にいたとき、もしくは象牙の塔に入ったときには、こんなにメンタルヘルスについて世の中が騒ぐことはありませんでした。精神障害は非常に限られた人の希有な病気の一つでしたから、理解の必要なく時を重ねてきました。メンタルを病むということの実感がわかず、どう扱っていいのかわからないのです。

ＭＢＡの学生たちの間でも同様です。

「メンタルを病むことは、自分の気持ちがもともと弱いから」

「わがまま、我慢が足りない」

「本人の問題で、チームの人にとっては迷惑」

と内心で思っている人が一定数確実にいる。それがひしひしと伝わってくる場面に出くわします。メンタルを病むのは自己責任であるとして、個人に責任を求めるのは簡単です。そして、企業がメンタルヘルス不調を自己責任と考え処理しようとするのは、よく見られる光景です。

労働政策研究・研修機構が行った調査で、メンタルヘルス不調社員を抱える事業所に対して、社員の発症理由を尋ねたところ、本人の性格の問題と答えた事業所が平均で64％と圧倒的多数でした（「職場におけるメンタルヘルス対策に関する調査」労働政策研究・研修機構平成24年より）。

確かにメンタルヘルス不調は、個人の性格の影響をある程度は受けますが、元を正せば、ストレスが主要な発生原因であることに変わりなく、その発生原因を軽減化する努力を企業はすべきであり、すべて個人の性格のせいにすることはできません。ところが実際には、個人の性格や性質に原因があるとして、現実から目を背けている場合が多いのです。これでは根本的な解決になりません。

極端な想像をしてみましょう。もしもこのままウーマノミクスの流れが進み、仕事に邁進した結果ゆえにメンタルを病む女性が大量発生したらどうでしょうか。すべてを「女性は性格が弱いから」という理由で片づけてしまうのでしょうか。いろいろ考えなくてはいけない問題が浮き上がってきます。

VOL.
02

昇進がストレスを誘発する

ＷＨＯが示している仕事のストレスについての分類をみてみましょう。ＷＨＯは、ストレスを仕事そのものの外的要因とその裏にある背景要因の二方面から分類をしています（図表09）。

着目したいのは、昇進そのものがストレス原因としてあげられていることです。そう考えると昇進は大きな環境変化や責任をともないます。周囲の目も厳しく評価に向かいます。必ずしも昇進自体は、万人が受け入れる華々しいものではないのです。

厚労省の調査では仕事や職場でのストレスの原因として、人間関係41・3％、仕事の質33・1％、仕事の量30・3％に続く群として昇進18・9％が上位を占めています（厚生労働省 労働者健康状況調査〈平成24年〉）。最近は、昇進うつという言葉もあるそうで、「すぐに行動と結果を求められる昇進が、昔ほど好ましいものとして万民が求めるものではない」という点も指摘しておきます。

私は昇進が悪いとか、昇進させるなと言っているのでは断じてありません。

昇進には華々しさの影に、ストレスの存在があるということを理解して欲しいのです。

図表09

「仕事のストレス」分類

労働の内容

仕事の内容

単調で刺激がなく、意味のない仕事
多様性の欠如
望まない仕事
嫌悪感がある仕事

作業量と職場

作業量が多すぎる、もしくは少なすぎる
時間制限がある

労働時間

厳格で固定的な仕事スケジュール
長くて非社会的な時間
予測できない労働時間
下手に組まれたシフト制度

参加と管理

意思決定への参加の欠如
管理の欠如
(例:過度な労働手段、職場、労働時間、職場環境)

仕事の背景

出世、地位、賃金

不安定な仕事
昇進の可能性の欠如
昇進しない、もしくは昇進し過ぎる
社会的価値の低い仕事
低い相場での賃金支払
不透明で不公平な仕事評価制度
仕事に対して熟練しすぎ、もしくは未熟練

組織の中での役割

不明確な役割
同じ仕事なのに矛盾する役割
人に対する責任
他人、もしくは他人の問題を常に扱う

人間関係

不十分、不親切、もしくは非協力的な監督
同僚との乏しい付き合い
嫌がらせや暴力でおどす
孤立している、もしくは孤独な仕事
問題や苦情に対処する手順の不一致

組織の文化

乏しい連絡
乏しい指導者
組織の目的や構成の不透明さ

家庭と職場の境界

家庭と職場における矛盾した要求
職場での家庭問題に対する支援不足
家庭での職場問題に対する支援不足

(出典)WHO「職場環境とストレス」(1999年)

光があれば必ず影があります。昇進は必ずしも、良い側面だけではないのです。

「後輩に申しわけない」の根っこにあるもの

メンタルヘルス疾患の代表的なものにうつ病があります。一般論として女性は男性の2倍鬱病になりやすいと言われます。これは二つの要素があり、一つはホルモンの関係で女性のほうが生物としてメンタルヘルス不調になりやすいということ。もう一つは男女の社会的役割の格差が、女性を心理的に追い込みやすいということでしょう。

図表10は、厚生労働省「患者調査」から作成したうつ病患者数と、男女年齢別総患者数です。男性と比較すると女性の患者数が圧倒的に多いこと。女性の患者は30代、40代の出産、育児、そして職場復帰の時期での罹患が一つのピークであり、その後60代に多いという二山であることがわかります。男性が働き盛りの40代をピークにその後、減っていく傾向にあるのと対照的です。

女性マネージャーに視点を移しましょう。今まで行った多くの管理職のインタビューで女性に特徴的だと思うことがあります。それは彼女たちが持つ同性の代表としての意識です。

図表10

うつ病・躁うつ病の総患者数

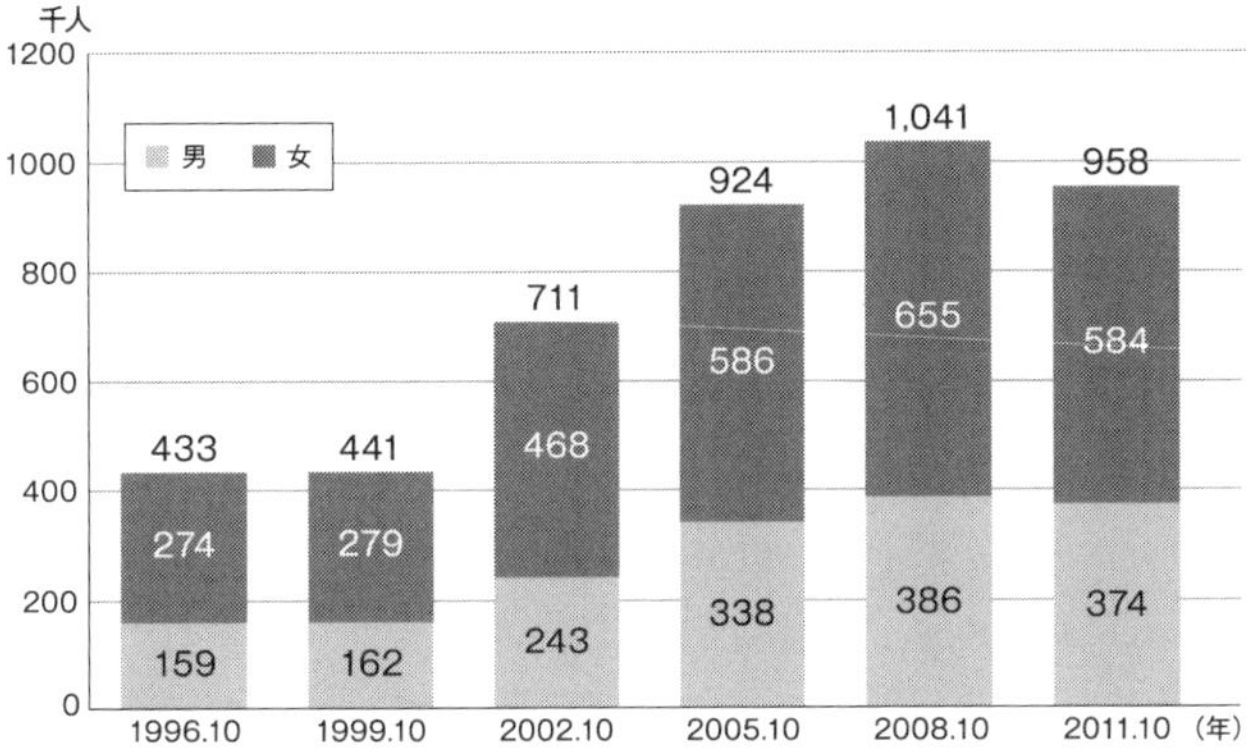

男女年齢別総患者数（2011年10月）

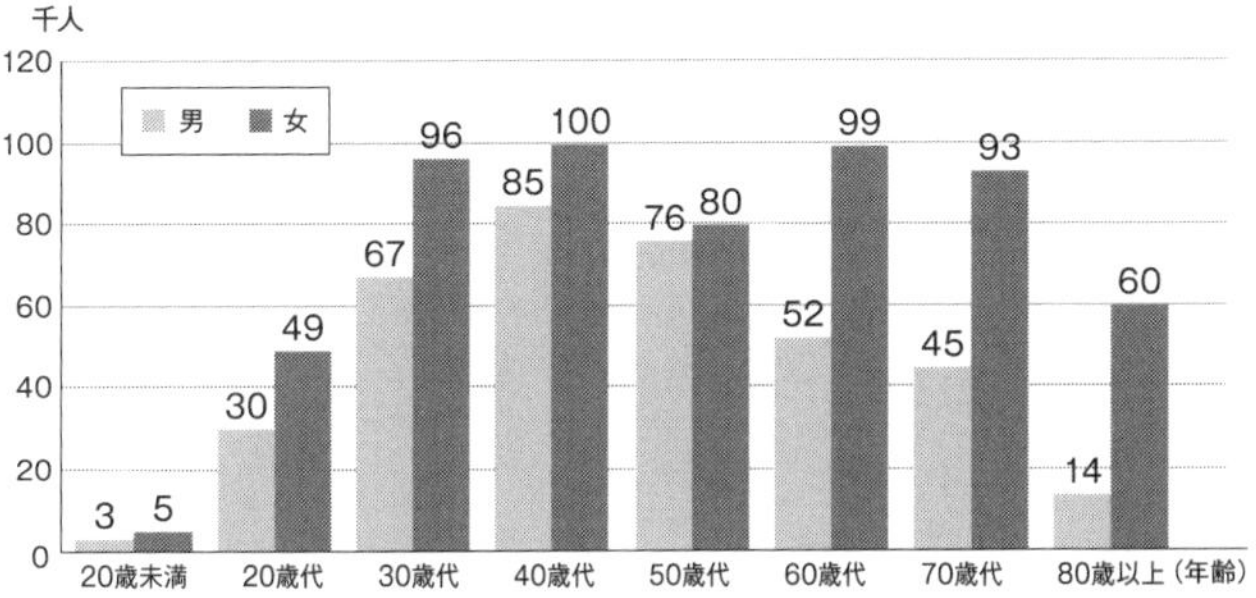

(注)「気分[感情]障害(躁うつ病を含む)」(ICD－10:F30－F39)の総患者数であり、うつ病及び躁うつ病(双極性障害)の患者が中心。総患者数とは調査日に医療施設に行っていないが継続的に医療を受けている者を含めた患者数(総患者数＝入院患者数＋初診外来患者数×平均診療間隔×調整係数(6/7))。
2011年調査については東日本大震災の影響により宮城県(2008年16万人)のうちの石巻医療圏、気仙沼医療圏及び福島県(2008年1.9万人)を除いた数値である。

(資料)厚生労働省「平成24年度患者調査」

R子さん（商社）

昇進したことで、いろいろな苦労がありますよ。でも、あとに続く後輩のことを考えると、『やっぱり女性はだめだ』と言われたくないので、嫌なことでも積極的にやるようにしています。私の場合、思いもかけず昇進したので、この機会は次の人たちにつなげていこうと思うので。

M佳さん（銀行）

先輩に支店長になった人たちが出てきた後なのでトップランナーでない分、気持ちはラクでした。でも、私の代で低評価をうけて後輩たちに迷惑をかけるといけないということは胆に銘じています。

女性が後輩たちに「自分が失敗すると申しわけない」というのは、実に不思議な発言です。男性に同じことを聞いても、「自分が失敗したら（男性の）後輩に申しわけない」という発言は皆無です。聞いたことがありません。何らかの失敗があったときや損害を与えたときは、「会社に対して申しわけない」「チームに申しわけない」が、一般的です。

興味を持ったので、この「申しわけない発言」は、何度もＭＢＡの教室で取り上げてディ

スカッションしてきました。この気持ちについて女性は、

「すごくわかります」

と答えたのが大半なのに対し、男性は頭を抱えて、

「どうして？」

と答える人が圧倒的でした。ただし、男女の差がもともと少ない外資系企業やＩＴ、ベンチャーなどのキャリアを持った女性たちは、

「申しわけないと感じる女性の気持ちはわかるけれども、うちではそんな発想にならない」

という類の発言をしていました。

端的に言えば、女性は働いている企業によって感じ方の特徴がありました。女性社員比率、女性管理職比率が高い企業、または比較的歴史が浅いＩＴ企業で働く女性たちからは、女性の申し訳ない発言に対して、疑問符が投げかけられました。同様に、年齢の若い女性は申し訳ない発言に対して理解を示さない比率が高かったのです。具体的には申し訳ない発言に対して共感するのは、雇均法世代を中心に第3の世代の上位層以上でした。

後輩に対して申し訳ないと感じること自体が、過渡期特有の現象で、今後、女性管理職が当たり前になってしまえば薄れていく感覚なのかもしれません。

VOL.
03

私は失敗できない

なぜ、自分が失敗すると後輩の女性に迷惑がかかると思うのか。

昇進した女性は、自分が抜き出し検査のサンプルとしての意識を持っていることからではないでしょうか。数少ない女性管理職、マネージャーやリーダーである自分が、何らかの失敗をしたら、その影響がほかの女性全体におよぶ。自分が失敗したら他の女性がポジションに就くことが、分不相応と企業が判断するのではないか。

あたかも自分が抜き取り検査の対象で自分が否定された場合、ロット全部が不良品として廃棄されるかのようです。自分が女性というグループを代表した存在で、自分の行く末が、後陣たちの行く末に影響を与えるという意識を持っている。

一方、男性にはこの種の意識はほとんどみられません。多くの男性管理職のインタビュー結果からも、自分がそのポジションで失敗したら、代わりはいくらでもいる。むしろ上のポジションを狙っている人が多いのだから、自分に対して悔しいという気持ちはあっても、後輩に申しわけないという気持ちは、微塵もないという意見が大半でした。

女性管理職、マネージャーやリーダーの数が多い会社では、「申しわけない発言」はあまり聞くことがないことからも、少数派管理職の女性は無意識に、男性優位社会の中での女性枠で選ばれたのではないかという邪推をしているのではないかと考えられます。

押さえておきたいのは、昇進は個人のキャリアの中での単なる通過点です。必要なプロセスと言ってもいい。本来は喜ぶべき事象です。自分が失敗したら後輩に影響力が出るなどという不必要な意味づけをしないように、女性たちに周りから伝えていくことが大事なのです。

男性よりダントツに高い組織への忠誠心

女性管理職に特徴的なことがもう一つあります。会社へ対するコミットメント意識・忠誠心の強さです。インタビューで彼女たちが自分のキャリアを語るとき、

「会社に感謝しています」

という言葉を発するのを非常に多く聞きました。

最近の私の経験をお話しするとある研修で、女性部長が講演した内容が私には衝撃でした。彼女は見るからにきちんとした、仕事ができるであろうことを窺わせる方で、ある専門分野の部長をしていました。

私と同年代だと思いますが、彼女は後輩を激励する意図で、

「会社はきちんと私たちを評価してくれます。その証拠に私は2回も産休を取ったけれども、このように順調に（というような直接的な表現はしませんでしたが）昇進してきました。やりたいことを自分でアピールして訴えれば、それなりにやらせてくれる会社です。部長になって変わったことは、いつもわが社のことを考えるようになったことですね。子どもも育ったし、ほぼ仕事のことだけを考えている。部下は子どもといっしょ。家族といっしょ。いつも彼・彼女たちがどうしているのかを考えています」

という趣旨の発言を繰り返し厚く語っていました。人事部から頼まれた忠誠心からスピーチをしているということも影響していたのだと思います。全面に会社への愛情と仕事へのコミットメントがあふれた講演でした。

私は彼女の後で話しをすることになっていましたので、それこそメモを取りながら話を聞いていました。そして、ふと職業人としての自分を省みて、何とも言えない気持ちになりました。自営業者の集合体のような大学教員の組織では、彼女が示したような組織へのパッションや忠誠心というものからは、ほど遠いところにあるように感じたのです。

彼女の組織へのほとばしる愛情と信頼のこもったスピーチを聞いていると、違う星の人を見ているようで、自分のプー太郎ぶりを情けなく思いました。勤務している法政大学

は大好きですが、彼女が勤務先に対して持つほどのパッションはありません。

彼女は勤務先が自分を育ててくれたという強い思いがあるようで、それに対して何らかの恩返しをしたいと思っているようでした。

この「会社に恩返しをしたい」というフレーズも女性管理職の発言でよく聞かれるものです。自分を育ててくれたのは企業である。今の地位すなわち、自分が満足している現状までひき上げてくれたのは企業である。よって自分が職業人としての活動を通して恩返しをしたいというのです。何かをしてもらったら、お返しがしたいという感情を持ち、行動をすることは「好意の返報性」と呼ばれ、人間の行動を決定する規定因子の一つです。

会社を愛している、自分を育ててくれた会社に恩返ししたい、というのは男女の別なく持つ感情でしょう。しかし、それを言語化して表現するのは、女性管理職、マネージャーやリーダーに多いように思います。

図表10は第一生命経済研究所の行った男女管理職の組織への帰属意識の調査結果です。「会社に対して貢献したいと思う」比率は男性80%に対して、女性85・2%。「会社に感謝している」比率は男性71%に対して、女性77・3%。

「会社に行くのが好きだ」は、男性58%に対して女性は67・7%と、いずれも帰属意識は男性管理職よりも女性管理職のほうが強いことがわかります。最も男女差がはっきり出

図表11

会社組織に対する考え方（性・職位別）

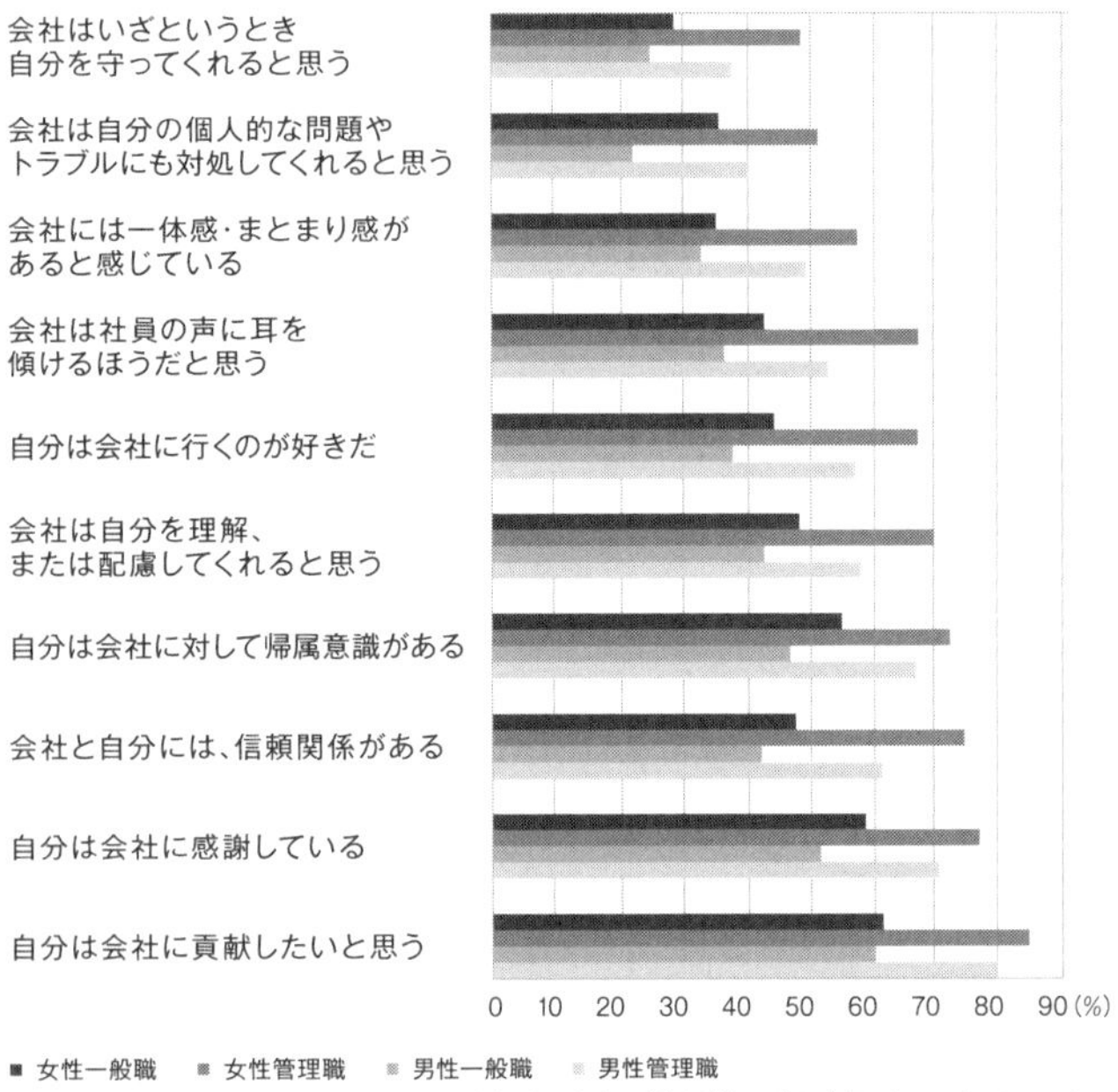

第一生命経済研究所調査「女性管理職と職場コミュニケーション」

【読み取れる女性心理とは？】

・女性管理職の方が男性よりも愛社精神がある。

・女性管理職の方が会社の役に立ちたいと思っている。

・会社は自分たちを守ってくれるのだろうか、片思いではないかという不安がある。

たのは「会社と自分には信頼関係がある」という質問で、男性の61・5%に対して女性は75%と高率でその差は13・5ポイントありました。

この一連の感情は、仕事が順調に回っているときは、強い後押しになります。しかし、多くの場合、人間の感情は合わせ鏡のようなもの。体調を崩したことでも、社会環境の変化でも、社内政治の変動でも、誰かの失敗でもミスでも、何でもよい。なんらかのアクシデントで仕事がうまく回らなくなったとき、現況に対して強いストレスを持つのです。抜き差しならない状態に自らを追い込んでしまうことは容易に、予測できます。

メンタルを病む負の循環

どのような仕事でも必ず壁にぶつかります。その際に張り詰めていたものが何かの拍子で折れてしまう。まじめに一生懸命取り組めば取り組むほど、トラブルに直面したことを契機に病んでいくケースは、日常的に起きています。

MBAの学生たちと話していると、

「上司の叱責を常に受けていた後輩が、日に日に顔色が悪くなり、パフォーマンスが落ち、遅刻や欠勤が多くなり、ついに休職したんです。全力で取り組んでいたプロジェクトがダメになった後に欠勤が続き、耳鳴りがとまらないという訴えがあり、医者に行ったら、うつ病と診断されたと聞きました」

などと生々しい経験を語ってくれます。中には、

「入札失敗が明らかになったときに、部下のピーンと張り詰めていた糸がカシャッと切れたような音がした気がしました。部下は欠勤が多くなって最終的には入院したんです」

と、心のたがが外れた瞬間を目撃したことを語ってくれる学生もいます。

彼らの描写で共通しているのは、メンタルヘルスを病んだ人は、まじめで、きちんと仕事をする人で、多くの場合は組織や仕事に対して愛情を持っている人ということでした。また、スポーツ選手であったり、ムードメーカーであったり、集団の中でも光っている人なのです。決して、虚弱体質の見るからに弱い人ではなかったと学生たちは言います。

以上に加えて、ビジネスパーソンとしてではなくて、社会生活を営む存在としての女性が抱える問題もあります。女性が管理職、マネージャーやリーダーになる年代は、早くて30から遅くて50代ぐらいまででしょう。

30〜40代の女性は、結婚や出産、育児、そして介護といった問題を真正面から受け止める世代です。子どもを持つことを望んだならば、女性の妊娠可能確率は、年を重ねるほどに低くなりますから、その点でも焦りを覚えます。50代になると自らのホルモンバランス

の変化によって、余計ストレスに対して過敏になりやすい。ここに親の介護問題が加わります。社会生活の部分でも生物としても、多くのストレスを男性より受けることになるのです。

労働人口減少の中、女性活躍推進の波に単に乗っかかり、ケアやサポートシステムがなく彼女たちを昇進させると、その先にあるのはメンタルを病むという不幸な事態の大量発生が、あながち的外れな予想でないことがおわかりいただけましたか。

なにも女性は昇進すべきではないとか、昇進にはゲタを履かせてやらないといけないとか、特別扱いをしろとかそんなことを言いたいのでは断じてありません。私が強調したいのは、闇雲に女性管理職やマネージャーやリーダー比率だけを追求して、女性を管理職に昇進させるのではなく、同時にその分、必要とされる組織としてのケアを充実させるべきだということです。

組織としてのケアは、新たな制度を作るということではありません。少なくとも、昇進して得る心理的負荷を男性と同等にするような配慮を組織がすることが重要で、加えて言えば組織メンバー個々の認識を今までと変えることが不可欠なのです。

これは時間がかかるかもしれません。しかし、やらないと大きなリスクを抱えこむことになるのは言うまでもありません。

VOL.
04

上司のあなたが持つべきスタンス

①気軽に雑談できる場を作れ

多くの女性管理職が企業内に誕生したとしても、彼女たちが楽しく、自らの能力を充分に発揮できる状況が作られないと、昇進そのものの意味がありません。

では、何をすればよいのか。主要なステークホルダーは経営陣、上司、本人の3者です。

企業の中には、メンタルヘルス障害を予防するための多くの制度が設置されています。しかし、いくら制度を作ってもそれを運用する側の人間の意識が変わらないと、何の意味もありません。作った側の自己満足に終わります。

やっかいなことにこの種の問題は、ステークホルダー全員がそれぞれ真剣に取り組まないと、決して解決できません。経営陣が問題にコミットメントすることは当然ですが、組織全体で「他人ごと」ではなく「自分ごと」として取り組んで初めて、効果を発揮することができるのです。

女性活躍推進の流れの中で、女性管理職を政策的に多く作ること。つまり、昇進させて数を揃えることは可能です。その方向に大きく舵を切った企業も多く見られます。アファーマティブアクション（社会的・構造的な差別で、不利益を受けている女性・少数民族・障害者などに、実質的な機会均等を確保するための措置）について、私は現状では必要なものだと思っています。

大事なのは女性管理職比率を上げることだけではなくて、彼女たちが自らの能力を発揮して、ビジネスパーソンとしても人間としても充実した生活を送ることなのです。とかく数値のみを求め、諸外国に追いつけ追い越せという形だけの女性活躍推進の動きには賛成しません。

危惧するのは、活躍推進の施策を推し進めることで、女性が自らを心理的に追い込んでいくことを加速するのではないかということです。

では、ストレスを抱えた女性たちに企業、即ちトップを含め役員や人事部、その組織の上層部の人たちは何ができるでしょうか。

アフガニスタンの難民支援をしている団体の人から聞いた、この問題解決のヒントになる話があります。難民は家や財産、家族までを失い、平和な国では想像もつかない壮絶な経験をし、彼らが受けるストレスたるや尋常のものではありません。難民キャンプでは劣悪な環境の中で少しでも快適に生き抜くために、さまざまな社会活動が自然発生的にはじまるそうです。まず、商売をはじめる人が生まれ、町が形成されていきます。ところがおもしろいことに、このような環境で最初にできた店は、パン屋や肉屋や八百屋といった生活に密着したものではなくて、カフェだったそうです。苦しい環境で、お互いの心の中を言い合える場所が必要で自然発生的に生まれたと言います。気持ちを知りたくて、

「なぜ、生活必需品の店を最初にやろうと思わなかったのか」

と難民たちに尋ねたところ、

「みんなが集まっておしゃべりする場所が必要で、誰かと話すことで苦しさが少しだけ減る気がするから」

と応えたそうです。

人は人と話すことによってストレスをすべてとは言いませんが、軽減させることができるのです。「職場におけるコミュニケーションが円滑な職場はメンタルヘルスを病む者が少ない」(日本生産性本部調査)という調査結果がありますが職場内でもコミュニケーションがとれていると本人たちが認識している場合、メンタルヘルス障害の発生率が低くなるのです。このポイントは、本人たちが認識しているということで、組織メンバー一人ひとりが仲間と話をしている、課題や問題を共有しているということが大事なのです。

つまり、企業が最初に考えなくてはいけないことは、女性たちが男性も含めて交流の場

を持ちネットワークを広げるように配慮することだと思います。ここで無理に女性同士にこだわる必要はありません。誰と話すのかは最終的には自分の選択の問題だからです。大事なのは、個人の活動ではおよばない範囲の人と知り合える「場」を提供することで、特に大がかりに予算をかけて何かを作る必要はありません。

研修を今までにない組み合わせで行うとか、職務横断的なプロジェクトにいつもと違うメンバーをアサインするとか、知恵を絞ればいくらでもあります。

②ネットワーク作りの機会を提供せよ

数年前から企業横断的な「女性管理職やマネージャー研修」で教える機会が増えました。これは、非営利団体が主体となっているものが多いようですが、会員企業から女性たちを集めてマネジメントの研修をしているのです。私の専門は組織行動、中でもリーダーシップですから、最初の講義を担当しますが、教壇に立ったときの受講生の動きや教室の空気は共通しています。

「なぜ、女性だけを集めるの？」

という疑問をほとんどの人が持っていることがひしひしと伝わってきます。私は授業の最初に必ず受講生に宣言することにしています。

「女性管理職、マネージャー研修の存在は、みなさんが過渡期の人だからです。あと20年経ったら、女性だけを集めた研修はなくなるでしょう。女性管理職が珍しい現象ではなくなるからです」

と。この種の研修は、多くの同じポジションにある他業種の人々とのネットワークを作れるのが、大きな利点です。研修後も定期的に気のあった仲間と集まって情報交換をしているという話もよく聞きます。ネットワークという点から見ると、社内で作られるネットワークには限りがあります。特に女性管理職、マネージャーやリーダーは、絶対数が少ないので同じ立場の人間を社内で探すには限界がすぐにやってきます。

では、なぜ、ネットワークが必要か。

情報交換という機能の他に、自分の心情を吐露し、お互いにアドバイスをしあうという機能も持つからです。いつもと違うメンバーと交流することで、「煮詰まっている」状態から、新たな刺激を得ることで脱出できる可能性も生まれる。学問的には、アレキサンダー(Alexander ２００３)が多くの人間との多様な開放的なネットワークを広く持っていることが、多くの障害を乗り越えてキャリアを継続するために有利だとしていますし、社内のみならず、多様な人々と交わり、彼らとネットワークを持つことが、仕事を続けていく上で正の影響があるということは多くの学者が指摘してきました（たとえば、ウッジとダンロップ Uzzi and Dunlap ２００５、高田２０１２）。

ところが、女性管理職、マネージャーやリーダーはバーク（Burke １９９５）やイバラとオボベル（Ibara & Obobaru ２００８）が指摘しているように、男性と比べてネットワークを構築することが苦手とされました。その理由として、女性管理職、マネージャーやリーダーが家庭と両立させようとすればするほど、勤務時間後のインフォーマルなネットワーク構築にとる物理的な時間がないことなのです。もし、時間があったとしても、少数派である女性が男性中心の組織内のインフォーマルな情報ネットワークに入るのが、むずかしい。

実はこのネットワーク構築という部分こそ、企業が貢献できる最も大きな部分です。企業が場を提供するのです。ただし、そこからネットワークを作るのは、女性たち自身です。

③男性上司こそメンターとなれ

女性管理職、マネージャーやリーダーに話を聞いていると、彼女たちのキャリアの選択や職業人として迷いがあったとき、上司に相談をしている、上司がメンターとなっているケースが多く、驚くことがあります。さまざまな場面の意思決定で、そのときどきの上司の影響を強く受けているのがわかります。

たとえば、昇進することを躊躇している際に、受け入れるという意思決定の引き金となったのは多くの場合、上司のひと押しでした。直接的な言語的説得を受けなくても、昇進についての考え方に上司が影響を与えたという話しはよくでました。具体的には上司の仕事への考え方や姿勢に感銘を受け、自分もより高いレベルの仕事をしたいと思うようになったというストーリーです。

また、自分がいるポジションに上司が過去についていたであるとか、似たような職についているということが多いので、身の処し方のノウハウや物事への考え方をその人から学ぶということが多く行われていました。正面切って時間を設定して長時間かけて相談するよりも、会議の後での会話であるとか、仲間内の飲み会など、接触した機会を上手に生かして、相手の知恵を吸収していることが観察されました。

彼女たちが影響を受けたとして名前を挙げた上司が、永遠に彼女たちの上司でいるはずもありません。しかし、心象風景の中では、会社の先輩であり、リスペクトの対象でした。つまり、なにかあったときに彼女たちが知恵を借りる対象であり、メンターであり、心のよりどころとしている。彼女たちのことを理解してくれていると、自身が認識できる人の存在こそが重要なのです。

④上司は邪魔せず、スポンサーになれ

すべての上司が、メンターになれるわけではないでしょう。今まで多くの女性管理職、マネージャーやリーダーに関する研究ではメンターを持つことの重要性が説かれてきました（たとえばクラム Kram １９８５）。メンター制度を作り、女性管理職、マネージャーやリーダーやその候補に対して、人為的にメンターをつけて成功している事例も見られるようになりました。

これについては、まったく異存ありません。もともと社内の人的ネットワークが小さい人にとって、メンターを紹介する企業が増えてきたことは、すばらしい取り組みだと思います。

では、男性上司はメンターとして、どうするべきなのでしょう。

第１段階として上司は、少なくとも女性管理職、マネージャーやリーダーの足を引っ張らないこと。奇異に聞こえるかもしれません。意識としては「女性を応援している」つもりであったとしても、女性に対して「こうあるべきだ」というマインドセットが強いために、結果的には女性を心理的に追い込み、足を引っ張っている男性上司は実に多くいるのです。

これは悩ましいことです。

今後、多くなるのは、「スカートを履いたオジサン」のように男性側に自らを変えて近づいた女性たちではないのです。自らの個性を発揮しながら、仕事をしていく人たちであることを肝に銘じることです。

第2段階として、よく部下を観察することです。男女の区別なく、部下を持ったときの大事な要素です。心理的に部下が追い詰められていないか。女性の場合は、より丁寧に観察するように心がけるべきです。必要とあれば積極的に介入します。

部下を育てるためには、大きな仕事を任せることも必要でしょう。事実、女性管理職、マネージャーやリーダーを含めて、多くの管理職に、

「あなたが最も成長したと思うのはどんなときですか」

と聞いたところ、最も多く語られたのが、

「現在の自分の実力や職位の仕事よりも少し上の仕事をアサインされて、試行錯誤を繰り返しながらやり遂げたときです」

というストーリーでした。結果の成否に拘わらず、挑戦をしたという体験が重要と考えられていました。結果として失敗したとしても、全体をカタチ作る部分の中には、いくつかの成功体験が存在し、この小さな成功体験の積み重ねが自信につながるのです。

「上司が見てないようで遠くから見守ってくれていて、ぎりぎりで助けてくれた」

「見守られているのを感じていた」

というストーリーとともに上司の視線を感じていたことが共通して語られていました。上司として「上手に」観察するには、相手に興味をもつことは不可欠です。興味を持つと、単に見ているのではなく、要所で相手の様子をチェックすることができるようになります。

部下が心理的に追い詰められていると判断したときは、強権発動をして無理矢理でも休みをとらせることも必要でしょう。違う視座を持つことをアドバイスするなど、コミュニケーションを密にすることもあるでしょう。

第3段階として、最近ではメンターに加えて、その人の地位を引き上げるスポンサーという役割を上司が持つことが大事だとされるようになりました。しかし、スポンサーになるには、自らもかなり上位の職種でいなくてはいけませんから、一握りの人間しかここには到達しません。

スポンサーは、役員などの影響力がある上級管理職がなります。部下はプロテジェ、弟子とよばれます。スポンサーは仕事面で弟子を手助けし、その人の潜在能力を引き出し、ネットワークを作るのを助け、次のキャリアステージに弟子を引き上げる役割を果たす人のことです（ヒューレット Hewlett 2011）。

部下の心理状態に直接、影響をおよぼすのがメンターならば、部下の昇進に直接協力をするのがスポンサーです。自らのネットワークを弟子に紹介し、有力者とのコネクションを作る手助けをします。スポンサーと弟子という枠組みは欧米からはじまった概念ですが、スポンサーを見つけ、上手に自分の昇進につなげるのは圧倒的に男性が上手で、女性はこの種の行動が苦手だと言います（イバラ Ibarra ２０１１）。

⑤女性の力を引き出す上司を配置せよ

企業という視点から考えてみると、女性である部下を伸ばそうとする意思があり、部下が昇進を躊躇している際には、言葉に出して昇進をすすめる。そんな上司を企業が期待する女性の側に意識的に配置することが重要でしょう。常日頃から女性管理職、マネージャーやリーダーを伸ばす能力を持つ社員（これは男女を問わない）が誰なのかを注意して見て知っておく必要があります。

女性管理職へのインタビューで、上司のどのような態度や行動に正の影響を受けたのかを質問したところ、共通して次の特徴がありました。

①男女の別なく部下を扱っていたこと。
②部下が物事に取り組んでいるプロセスを丁寧に観察し、それを評価してくれたこと。

③当時の実力より高度な仕事を任せ、それを見守ってくれたこと。
④自分を育てようとしていることが、感じられたこと。
これらの要素を満たすためには、上司側も、仕事の難易度と部下の実力の見極めが正確にできる能力が必要です。

本講で今まで述べてきたように、一生懸命働いた女性が昇進してメンタルヘルスを病んでしまっては、元も子もありません。メンタルヘルスを病ませない工夫、それは即ち、彼女たちが心安らかに働き、その能力を発揮しやすくする環境を作る工夫をしていくことに他なりません。

あっ、そうだったんだ！

「正社員で長く働く女性」が非常に少なかった日本

大企業における男女正社員比は70：30です。中小企業では若干男性が減るものの概ね65：35で推移してきています。女性が多くを占める業種もありますが、全体で見ると常に男性が多数派で女性は少数派です。

時の経過を経ても、意図的にすら見えるほど、この比率は25年間、変化がありません。企業の人事部はその会社の退職率の大まかな数字を持っていることが普通ですから、それに基づき採用を調節していった結果なのかもしれません。

企業はバブル崩壊以降、正社員比率を下げて、代わりに派遣労働者などの非正規雇用で補ってきました。大企業になるにつれてその傾向は強く見られました。

ですから、男女比は変わらなくても正社員そのものの母数は減少していることになります。いわゆる一般事務の仕事は派遣社員の仕事に取って代わる傾向が色濃くなっています。オフィスには、女性人口が増えたものの正社員の人口は減りました。

総合職の採用は2012年以降、女性比率がわずかに上がっていますが、基本的には非常に少ない。総合職で採用される女性は2011年までが大体男女比で言うと、90：10から84：16で、総合職全体の1～1.5割です。

このような前提のもとで、女性の管理職比率を上昇させようというのですから、これがどのように困難をともなうのか。場当たり的な対応ではなく、きちんとした戦略を持つべきなのがおわかりでしょうか。

講座6

「女性を育てる」
7つの行動ルール

これからのリーダー論

VOL.
01

「自分らしいリーダーシップ」を磨け

さて、この講座も最終回となりました。今までさまざまな視点から企業における女性たちの現状、息苦しさとその要因、そして対応策を考えてきました。今回はそれらをまとめながら、今あなたができることをもう少し考えたいと思います。

自分らしく自然体で仕事に取り組める女性管理職、マネージャーやリーダーを育てるという本講座のから言えば、会社として女性活躍推進のきめの細かい制度を作るのもいいでしょう。メンターをつけるのも悪いことではありません。

しかし、一番大事な点は肝心の女性たちが心身ともに充実できるような職場環境を作ること以外ありません。数値目標だけで女性管理職、マネージャーやリーダー数を満たしたとしてもあまり意味がありません。

彼女たちが「いい仕事」をしたときに、はじめて人の上に立つ人材を多く輩出できたという醍醐味が味わえるのです。

そのためには、彼女たちのリーダーシップを磨いていくことが必要です。それは同時に、あなた自身のリーダーシップを磨くことも求められます。

リーダーシップの本質は如何に周囲の人を動機づけるか、そして影響を与えるか、そのものです。

良い仕事をするために自らのリーダーシップを発揮することは、非常にシンプルな原理です。そこに性差はありません。

女性だからしなやかで調整的であるとか、男性だから「オレについてこい」的なリーダーシップであるべきだ、ということは、まったくありません。

職位の高い者が司令塔になって部下を引っ張っていくリーダーシップが、必ずしも効果的なわけではありません。

自分らしいリーダーシップのあり方を見つけ、それを実践すること。そのためにはいろいろな経験をし、多様な人々と出会い、刺激を受け、自分なりのリーダーシップのあり方を考えることが不可欠です。

この一連のプロセスの中で自分なりの立ち位置、自分なりの相手への影響力の行使の仕方を身につけるのです。

職位の高低はほとんど関係ないのです。女性自身が自らのリーダーシップを見つけ、磨きあげる場を作ることこそが重要なのです。

のび太はジャイアンになれない

具体的に考えましょう。最初に強調したいのは、あなたらしくあることが一番だということです。そのままで良く、それがリーダーシップの根幹となります。誰かのマネやお手本の通りの行動をとったとしても、長続きしません。うまくいく場合もあるかもしれませんが、それはたまたま。継続して周囲を動機づけることこそが重要なのです。

基本的には、自分で試行錯誤しながら状況を観察し、自分の振る舞い方や周りの人たちへの影響の与え方、動機づける方法を学んでいくのです。

大学の授業では、嫌になるほどリーダーシップの議論をします。私自身、長年多くの議論を聞き、飽きもせずさまざまな研究をしてきましたが、それもあって最近では、学生に次のように言うようにしています。

「自分なりのリーダーシップを築いていくには、自分のキャラクターと自分が置かれている環境や立場との関数で考えるべきです」と。

自分らしくあることは、譲れない基盤です。別のキャラクターの仮面をかぶる必要はないのです。気が弱い人が、「オレについてこい型」のリーダーシップスタイルを苦痛を押し殺してまで取る必要はありません。

のび太はジャイアンのマネをしてはいけないのです。自分らしくあること、その延長線上でリーダーシップを考えるべきでしょう。本来の自分からほど遠い、自らの意に反する役柄を必死で演じることは、あまり意味がありません。

そして自分のキャラクターからリーダーシップの方向性に見当をつけたところで、自分がおかれている環境の分析をします。

場所によって態度を変えるのは、信条に反するという意見もあるかもしれません。でも、大それたことを言っているのではないのです。

「自分のおかれた環境を正しく分析することで、最も相手に届きやすい言葉や態度を工夫しましょう、そのほうが伝わりやすいでしょう」

というのが言いたいことです。

ところが、案外この環境分析ができない人が多い。環境を分析するためには自らのおかれている状況を俯瞰《ふかん》する必要があります。ところが、「こうあるべきだからこうなっているに違いない」という自分の持っているフレームだけで状況を観察し、実情をつかんでいないことが多いのです。

思い出すのも恥ずかしい私の経験をお話しましょう。私の若い頃のリーダーシップのあり方は、強気な女性の先輩の猿マネでした。外資系企業だということもあって、周囲から舐められてはいけないというのが、態度に出ていました。思い出すと恥ずかしくて首を振ってしまうぐらい強気な時期でした。

あるとき、日本人の年配の上司が、私が憧れる女性の先輩を暗に称してこう言ったのです。

「ここは確かにアメリカの会社だけど、自分のように日系証券から転職してきた日本人が大多数なんだよ。アメリカ人が主要人事を握っているけれど、彼らは日本人のことについては他の日本人の評判を気にする。同輩から好かれないと仕事が回らないからね。

もちろん、外人受けをする日本人は一定数いるから、『なんであいつの評価が高いんだ？』という人事もままある。

でも顧客は日本の会社だし、日本人男性がほとんどだから、キャンキャン主張して、ごりごり自分の主張だけで物事を通そうとする女性より、『みんなでやりましょう』とか、『かなわないわ』とか言いながら、着実に仕事をしている女性のほうがよほど『こいつできるな』と身構えるようになるなぁ」

何しろ20世紀の話ですから、彼の発言は男性優位社会にどっぷりつかった発言であることも認めます。当時はキャリアウーマンという言葉が初めて世の中に出てきたころでした。キャリウーマンは男勝りで、バイリンガルで、論説爽やかで、主張が強く、肩パットのはいった高価なスーツを着て、高いヒールを履いて歩いている、というのが世間一般のお約束でした。私は評価者を完全に読み違えて行動していました。外資だから強気でなくてはいけないというのは私の思い込みでしたし、その後、自然体に振る舞えるようになると多くの仲間ができ仕事がしやすくなりました。

年を取るにつれてあまり強気に振る舞っても結局は、自分の得にならないこと、押しが強い行動をとると後で自己嫌悪で自分が深く落ち込み立ち直るのに時間がかかることを考えて、自分の主張を強気で押し通すよりは、人の話をとことん聞いて受け止めるスタイルに変わりました。

そのほうが、実際には事の達成度が高いことに気がついたこともあります。自分らしいリーダーシップとは、自分が仕事をしやすくするために、自分にとって不快ではない範囲で、人との接し方、コミュニケーションの取り方や振る舞いを工夫することと同義です。

試行錯誤しながら作り上げていくことが重要なのです。もしもあなたが女性部下を育てなくてはいけない立場だったとしたら、彼女たちに対して特別なことを考える必要はありません。もちろん女性だからしなやかに云々のマインドセットをはずす必要があります。大事なことは自然体であることです。

では、これからあなたなりのリーダーシップを生み出していくために必要なことをお話ししましょう。

ルール1

興味を持って状況を判断せよ

まずは自分の置かれている環境を熟知する必要があります。環境分析を正確にするには、「観察力」は必須です。私の研究室ではＭＢＡ学生が修士論文に着手する際に、観察することの重要さをくどいくらいに説きます。「単に眺めているのと意識を持って観察していることは違う」と私から言われ続けると、学生はうんざりした顔をします。

リーダーシップをはじめとしたすべてのマネジメント能力の根幹にあるのは、観察力だと私は思っています。

人がとる行動の多くは意識的には無意識にせよ、何らかの理由があることが多いのです。偶発や偶然といったものもありますから、すべてとは言いません。理由がないことや理由がわからないものもあります。

しかし、なぜそうなっているのだろうと、仮説的に検討しながら観察することによって今まで見えなかった情景が見えてくる場合も多くある。自分が持っているマインドセットが現況に適応しているのかという確認の作業なのです。こうあるべきという思い込みが、果たして正しいのか、観察しながら修正していくのです。

観察するというのは、なぜ、このようなことをこの人は言っているのだろうか。なぜ、このような結果になってしまったのだろうと、一つひとつの疑問を大事にしながら、考えることです。それによって、恐らくただ見ているだけの人よりは多くの情報を得ることができます。

人間は視覚の動物です。視覚から得る情報は全体の8割とも9割とも言われています。「なぜ？」を考える習慣を続けていると、その集団の持つ独自性、行動パターン、思考傾向などがデータとして蓄積されていくことになります。新たなフレームが手に入るかもしれません。自分なりに集めたこの環境下ではデータをもとに、自分がどう振る舞うのか、どういうリーダーシップを取ると有効なのかを試行錯誤する。そして自分なりのリーダーシップを編み出していくのです。

もしも、あなたの周囲の仕事ができる女性が、昇進をためらっているとしましょうか。あなたは、「キミならできる！」と、前向きに励ましているかもしれません。

しかし、よく彼女を観察してください。ひょっとしたら、子どもが欲しいと考えていて、今、昇進すると「周りに迷惑をかけるかもしれない」と、および腰になっているのかもしれない。ひょっとしたら、彼女の直属の上司が昇進についての障害になっているのかもしれない。

そんな中で、あなたがやることは、じっくり彼女の視点で観察してみることです。そして、障害を取り除くことが可能であればそうすればよいし、不可能な場合は、いっしょに考えることです。

単に「女性は昇進したがらない、困ったものだ」で片づけてしまったら解決できることを逃してしまうことになります。

そして俯瞰することも大事。目の前の仕事に熱中すると、多くの場合、全体に気を配る余裕がなくなります。身近な事象だけを見続けていたら、それはそれで部分しか見ていません。近視眼的にならず全体をみること、つまり俯瞰することは欠かせません。

ある会合で、さまざまな上場企業の役員50名ほどに、入社してからどのくらいで、目の前の仕事ではなくて、会社全体の仕事を意識するようになったのかと聞いたことがあります。一番多かったのが「入社10年ぐらいから」という答えで社員たちは、自分で意識をして視点の切り替えをするようになったと話していました。

全体のことは意識をしていないと、そもそも理解できません。自分の行っていることが全体の中でどの位置にあるのか、頭の隅においておく。そして俯瞰と傾注のスイッチを意識して切り替えることはスキルの一つであると思います。

ルール2 情報ハブを敵にまわすな

あなたが初めて管理職、マネージャーやリーダーとして旧態依然とした組織に着任したと仮定してみましょう。

そんなあなたは意地悪な視線を浴びるかもしれませんし、あるいは歓迎されるかもしれません。はたまた大多数は無関心かもしれませんが、そのときに気をつけなくてはいけないのは、組織のキーパーソンが誰なのかを見つけることです。

キーパーソンは、組織の中で実力があり、彼や彼女の意向を気にする人のことです。必ずしも上位職とは限りません。もしも上位職がキーパーソンであれば、それは直接、上司になるでしょうから、意向を注意して見ておいたほうがいい、この種のことは、転勤がある親を持った子どもが、転校先で必ず行う分析です。誰がクラスのボスなのか知ることは、今後の自分の学校生活に直接、影響するからです。

次のポイントとして、誰が情報のハブなのかを知ること。

情報のハブとはなにか。中心でありさまざまな情報が集まり、そこを経由して分散していく場所。「ハブ・アンド・スポーク」と表されるように、航空路、ネットワークなど軌跡や情報がその場所に集約され、経由し、それぞれの方向へ進みます。

組織においてのハブは、ずば抜けて多くの情報源を持ち、そして情報を拡散できる人です。自らも情報源となることのできる人間やグループのことです。

人の集合体にはかなり高い確率で、ハブが発生します。人的ネットワークの中に極めて多くの人とアクセスをすることができるハブが発生することは、ネットワーク理論の世界で検証され注目を浴びました（たとえば、バラバーシ Barabási ２００２）。

なぜ、ハブが発生するのかのメカニズムについては、正確にはわかっていませんが、この種の極端に情報を持っている人の存在は、古くから知られていました。たとえば、落語では、長屋で起きたことはすべて知っている情報通のおかみさん、金棒引きの婆さんが、ストーリー展開上、重要な役割をします。

彼女のところには長屋中のできごとが集まり、解釈され、加工され、彼女の元から発信されます。彼女はハブです。

むやみにいろんな情報を知っているお局様（嫌な表現ですが）の顔が何人か浮かぶかもしれません。ハブであることは職位の高低とは、あまり関係ありません。社歴が長い女性は社内に知り合いが多く、それゆえに、思いもかけない人とつながっていて情報を持っていて驚くという経験は、よくあることだと思います。

話を最初に戻しましょう。仕事は一人ではできないので、新任者は組織の中にいわゆる同志を見つけることからはじめます。同士を見つける際にも、誰を敵に回してはいけないのかを見極めるためにも、この組織の中で誰がハブであるのかを知るのは必要な行為です。

ハブは男性かもしれませんし、女性かもしれません。大事な行動のポイントは彼らに対して、自分の真意が明確に伝わるように努力することが最初に行わなければいけないことです。ハブは情報発生源ですから、間違った情報を流されると仕事がやりにくくなります。

ハブと極端に仲良くする必要はありません。しかし、ハブが誰であるのか、どうすればハブの人やグループが自分たちの味方になるのかを冷静に見極めることは、うまくリーダーシップを取るための重要なスキルです。ハブを敵に回さないという努力をすることです。ハブが味方になってくれれば、新任者にとっては大きな戦力になることは間違いありません。少なくともハブを抵抗勢力にしないことが、組織でリーダーシップを取るための重要な隠れた一手です。

ルール3

察してくれではなく、言葉を尽くせ

思考と言語は密接に影響し合っています。思考は言語によって概念化され、他人に語られます。人は言葉を使って話すことで、他人に影響をおよぼします。その意味では言語はリーダーシップにとって重要な道具です。特に人との協働作業が必至である環境下では、言葉は武器です。

日本のビジネス社会は男性中心なので「あ・うんの呼吸」とか、「目を見ただけで相手の求めることがわかる」といった暗黙知を共有していることが仲間、かっこよく言うと強い紐帯を持つインフォーマルグループのメンバーである条件でした。

男性が圧倒的多数を占める組織では、男性同士の言葉に出す必要のない共通の体験や、考え方のフレームを日常生活を共に過ごすことで理解し、共有しあってきました。いわゆる暗黙知の共有です。それは、何度も飲みに行って共有した考え方や経験かもしれませんし、何か共同作業をして得た智恵なのかもしれません。

日本企業の多くの管理職は、男性で、日本人で、黄色人種で、似たような教育のバックグラウンドを持つ同質的な集団でした。このグループは男性だけがメンバーで他者の参入を許さない閉じたグループでした。仲間内での「察しが悪い」ことはビジネスマン（あえて男性名詞を使います）にとって、致命的なこととされました。

同質的な人々からなる集団であれば、このあうんの呼吸や相手のことを察するというのは比較的簡単でしょう。しかし、ここに女性が入り、外国人が入る。これは少子化の流れの中では避けられません。

異質な者が入ってきたとき、その割合が増えていくときにあうんの呼吸は成立しません。

異質な人々との間のコミュニケーションギャップを埋めるためには、言葉を尽くすことが不可欠になります。丁寧に、より相手にとってわかりやすいコミュニケーションを取ることが求められます。

ルール4 わかりやすく話せ

自分がわかる前提で話すのではなくて、相手にわかるように話すということは、リーダーシップを発揮するための重要なスキルです。

むずかしいことをむずかしく言うのは、誰でもできます。大事なのはそれを簡単に話す努力と技術です。これこそ高等な技術でしょう。

ときどき簡単なことをむずかしく話す人がいますが、どうしたものかと頭を抱えてしまいます。かくいう私も回りくどかったり、言葉が足りなかったり……。つくづくコミュニケーションはむずかしいと実感しています。

MBA学生たちには自戒の意味も込めて、

「10歳児にわかるように説明してください」

と口を酸っぱくして言います。個人的見解ですが、10歳は大人知識と子ども知識の境目をふらふらしている年代だと思います。

中学受験をする子どもが勉強に本腰を入れる年齢でもあり、驚くほどの知識を持っている子ども、大人になりかかっている子ども、昔ながらの平均的な子どもが混ざりあっているある種のカオス的集団です。

彼らに伝えたいことを理解してもらうように話すには工夫がいりますが、そこを意識するだけでも、大人である私たちのスキルは自然に磨かれていきます。

ぜひとも試していただきたいのですが、こうした話し方ができたときに、気持ちが通じ合うようになり、お互いの理解が深まっていくのです。

それは相手がわかっていないだろうという前提と、わかっているだろうという前提で話すことは別物だからです。相手がわかりやすい順番で、言葉を尽くして真意を伝えること。これは女性を育てるときにもあてはまります。これらを工夫することは、不可欠なリーダーシップのスキルなのです。

ルール5

場面割りで「プチ成功体験」をさせよ

リーダーシップとは相手を動機づけることです。ビジネスの現場では、多くの場合、成功体験を積むことによって、より強く動機づけられます。何かを実行し、その結果として成功という果実を得ると人はますます頑張ろうという気になります。そして、あなたの最も大きな役目は部下や周囲の人に成功体験を積ませることです。

そのためにはどうするのか。

言ったことに対して正の結果が出たときに、人は成功として認知します。もっと詳しく言うと、結果についてのフィードバックがあったときに人は成功と考えるのです。

ですから、あなたが部下に成功体験を積ませようと考えたならば、心がけて頻繁にフィードバックを返すことです。

ビジネスの現場で成功体験を頻繁に得ることは、実は非常にむずかしい。プロジェクトなり仕事なりの結果が出てくるのは、大きな仕事であればあるほど時間が長く経ってからです。

しかし、どのような仕事でも、その時々の転換点があります。いろんな要素が積み重なり、絡み合って、一つの仕事を形成しています。

これらを上手に部分に区切り、結果を頻繁にフィードバックする、長いプロジェクトを細切れにして、部分のフィードバックを積極的に行う。部分を一つの場面として区切る能力が必要となります。これを場面割りの力と名づけます。

場面割りをして、頻繁にフィードバックをする。

このことが、あなたの周りにいるメンバーの成功体験の蓄積につながります。小さな成功体験をどのように積むか、またはどのように周囲に積ませるかというのはリーダーシップの中で非常に重要なスキルです。

最終的な結果が出てくるまでに長い期間を要するものに対して、場面を上手に割って、小さな成功体験を意識させる。

部分フィードバックの中には、失敗もあるでしょうが、小さな成功体験も多くあるはず。小さな成功体験を積ませることによって、人々は動機づけられます。長いプロジェクトを部分に切って、結果をフィードバックすることによって部下に成功体験を積ませる。このことこそがリーダーとしてのあなたの役割なのです。

ルール6

見守り、時に介入せよ

部下に仕事を与えるときには、充分にその力量を観察し、評価し、身の丈よりも少し上の仕事を与え、遠くから見守ることです。身の丈よりも上の仕事、というのがポイントで、これは部下を観察し、あなたなりに部下の力量を理解して評価していないとできません。無理矢理、身の丈を遙かに超えた仕事を与えることは、幸せな結果を生みません。

そして、遠くからその働きぶりをモニタリングしておくのです。修羅場をいくつか潜るのをみるかもしれません。それでも何かあったときに直ぐに救出に迎える状態を整えて、悪戦苦闘を見守る。その悪戦苦闘が人を育てます。そして、本当に部下が危機になったときに、タイミングを見て介入するのです。これら一連の行動は、あなたがきちんと周囲を観察して理解しないとむずかしい。

あなたの状況分析力と環境分析力が試されます。もう一つ忘れてはいけないのは、修羅場には出口が必要だということです。出口の見えない、いつ終わるのかわからない修羅場に対応し続けると、メンタルを病みます。よって、上手に場面を割って、相手にフィードバックをしながらもきちんとモニターしてください。

ルール7 人脈を広げよ

個人にどんなにリーダーシップがあったとしても、それがビジネス上で生かされなければ、画竜点睛《がりょうてんせい》を欠きます。ビジネスの世界では、

「何を知っているかより誰を知っているかが重要である」

として、ネットワーク、いわゆる人脈の重要性が成功の条件として語られます。ビジネススクールへ派遣留学に社員を出す人事部の人が口にするのも、

「ビジネススクールでさまざまな人と交わって人脈を作って欲しい」

との発言です。口には出しませんが、この言葉の正確な意味は

「わが社にとって有利な取引ができる人脈を作ってきて欲しい」

なのです。「誰を知っているか」の場合には、知識という意味では、自分で最先端の知識や知恵がなくても、誰に聞けばよいか的確にわかっているということです。多くの知恵にアクセスする道筋を確保していることになります。

また、何らかの案件で、意思決定者に直接アクセスできる状態も「誰を知っている」という状態に当てはまります。キーパーソンに直接アクセスして、交渉ができるということは、

ビジネスにおいて圧倒的に高い競争優位を持ちます。人脈は武器です。

ビジネスの現場では残念なことに、男性のほうが女性よりも有効な人脈を持っていることが多い。いわゆるアフターファイブで作られるおじさん中心型のつき合いは、男性の方が圧倒的に強い場数を踏んでいるからでしょう。

少数派である女性は、この男性同士のつき合いの中に入っていきにくいのです。あなたのやることは、自分の人脈、ネットワークをこれと思う女性に示して、彼女がネットワークを広げられるように手伝いをすることです。

もちろん、すべての知り合いを共有する必要はありませんし、すべての女性に対して同様にすることはありません。

人を紹介することは、その担保にあなたの信用を差し出すことです。あなたが紹介した人だから、相手も彼女に好意を示すのです。あなたの中で選抜すべきです。ここでも大事なのは観察する力です。じっくり観察して、紹介に足りる人だという確信を得たら、紹介すればいいのです。

男女管理職の人脈の作り方の比較調査をしたときに、特徴的だったのがネットワークの継続の仕方でした。知り合った人とより親しくなるための第一歩を踏み出したいであるとか、旧交を温めたいであるとか、人脈の活性化の方法に明確に男女差がありました。

男性はネットワークを活性化させたいと思ったときに、アフターファイブを使いじっくり時間を掛けて相手と向き合おうとします。一席を設け、飲んでじっくり話し合うというのが典型的なやり方です。これに対して女性は、空いている時間を日中使ってネットワークの活性化とメンテナンスをしていました。

たとえば、久しぶりに本社に会議で行った。その休み時間を使って、昔の上司や仲間にフットワーク軽く挨拶をして回る。その後、別に会うような約束を取りつける場合もあるし、その後についてはさまざまです。

しかし、マメに挨拶に回ることで自分を印象づけ、次なるつき合いへの布石を確実に打っていました。男性が長時間一本勝負で人脈のメンテナンスをするならば、女性は隙間時間を有効利用して多人数との人脈のメンテナンスを行っていました。

フットワークが軽いというのがポイントで、時間をかけたつき合いを常にしなくても、自分が能動的に多くの人とアクセスすることで、自分の持つ人脈をより強固にしているのです。男性型と女性型のどちらが、人脈の維持の仕方として優れているのかは正直なところわかりません。しかし、フットワークの軽さによって、得た人脈を強固にすることは間違いありません。

女性は男性のやり方、長時間一本勝負を真似る必要はありません。隙間時間有効利用でもかまいません。自分たちなりのやり方で人脈を構築していけば良いのです。あなたはネットワークを広げる手伝いをすればいいのです。

いかがでしたか。ここに示した女性を育てるルールはそのままあなたのリーダーシップを磨くためのルールそのものでもあります。繰り返しますが、リーダーシップのあり方に性差はありません。あるのは「自分らしくあれ」という根幹そのものです。

講座の終わりに

今まで6回にわたって、女性マネージャー育成講座を開催してきました。いかがでしたでしょうか。最近の女性活躍推進に疑問を持っていたり、戸惑っているあなたのお役に少しでも立てたならば幸いです。そろそろこの講座も終わりになりました。

最後に申し上げたいのは、マネジメントには勝利の方程式はないということです。例をだしましょう。私は通勤の楽しみとして、駅の売店で売られているスポーツ新聞の見出しを眺めるのが大好きです。プロ野球のチームが連勝すると、かなり高い確率で「勝利の方程式」という言葉が画面を飾ります。方程式の中身は投手リレーの順番だったり、打順だったりします（純粋に数学の立場から吟味すると正しくない使い方ですが）。

方程式と呼んでいるものの中身は、パターン化された「行動の意思決定」のパッケージです。そのパッケージで試合に臨むと勝利の可能性が高いと考えているわけです。考えるとおかしな話です。

まったく条件が違ういわば別物の各試合に、ある種の規則性を作り当てはめ、それを成功の鍵だと解釈していることになります。「方程式」が本当に成功の要因なのかについての根拠はありませんし、検証もできません。しかし、読み手は昨日の試合の勝った理由を勝利の方程式だと提示されて納得するわけです。勝ちパターンという言葉もスポーツのみならずいろいろな場所で使われます。経営の現場でもしかりです。

さて、経営学とその基盤となっているビジネスの現場は実に変化の速度が速い(実際には、ビジネスの現場の変化が圧倒的に早く、それに遅れて経営学が多面的に理論構築していきます)。ですから、勝利の方程式が陳腐化していく速度もすさまじい。勝利の方程式だと思われていたことが、実際は利用不能になっていることがよく見られます。

そうなると人は慌てます。慌てている場合は良いのですが、自分の信じている勝利の方程式が効力をなくしているのに、それに気づかず同じことをやり続け、徐々に衰退していく事例はごろごろしています。現実社会の変化の速さに人間が適応していくのがむずかしくなっているというのがビジネスの現場です。

ですから、あなたは経営上の事象の取組方法を考えるときに、勝利の方程式に固執するのはやめた方がよい。これを頭のどこかにおいてください。

本講義で得た知恵や知識の効果は漢方薬の効き方と似ていると思っています。あなたが試行錯誤しながらやり続けることによって変化していきます。科学の粋を集めて作られた西洋薬と違い、効き方は緩やかですし、時間がかかります。意識して続けることによって体質改善を図るのには漢方薬は優れています。即効薬のような知識や知恵は、少なくとも人と組織を扱う分野には少ない。理由は簡単で、人は直ぐには変化しない生き物だからです。目から鱗が落ちて翌日から人が変わる、という現象は小説ならともかく社会においては希にしか見られません。

本講座のすべてがあなたの役に立つとは思いません。あなたなりの腑に落ちる方法、あなたなりの取捨選択のものさしを作ってみてください。そしてそこで得たものをヒントに、自分なりの行動をとることによって、何かしらの進展があるのではないかと期待しています。

最後になりましたが、この本は生産性出版の村上直子さんの力なくしてはこの世に出ませんでした。村上直子さん、米田智子さんの二人には、心からの感謝を申し上げます。そして、勤務先の法政大学経営大学院イノベーション・マネジメント研究科の小川孔輔先生、髙木晴夫先生には出版のさまざまな機会をいただきました。

同じく岡本吉晴先生、安藤敏也先生、石島隆先生には公私にわたって助けていただきました。共同研究者の慶應義塾大学の横田絵理先生、高千穂大学の恩蔵三穂先生がサポートをしてくださいました。その他多くの研究者仲間の応援がありました。さまざまなヒントをくれたＭＢＡ学生諸君にも感謝します。ありがたいことです。

そして、図版作成や諸般チェックを行ってくれた菅谷正美さん、安井祐子さん、木村桃子さん、西田周平さん、才木遥さんにもお礼を申し上げます。

インタビューに応じてくださった多くの女性管理職のみなさま、そして関係者のみなさまにも心からお礼申し上げます。

私事ですが執筆途中に亡くなった母の仁谷尚子と、最後まで母を支えてくださった帝京大学医学部附属病院の血液内科白藤尚毅先生と住吉立先生、看護師のみなさま、そしてシルバーピア加賀のみなさまにこの本を捧げます。みなさまのサポートなしには執筆は不可能でした。ありがとうございました。

いつも近くでエールを送ってくれる家族、高田良一と圭、そして父・仁谷正明にも心からの感謝を送ります。

靖国神社の見える研究室にて　著者

◆本研究は以下の研究助成を受けました。
JSPS科研費　15K03625、24530488
二十一世紀文化学術財団　平成25年度研究奨励金「女性の企業・事後後継者育成に関する研究：社会的側面と経営から」
高田朝子

◆参考文献

Gregory Bateson,(1972)Steps to an Ecology of Mind. University of Chicago Press,(邦訳、佐伯泰樹・佐藤良明・高橋和久訳　グレゴリー・ベイトソン　「精神の生態学」　思索社 1986)

Lewin,K.(1947)Frontiers in Group Dynamics. Human Relations,1(5):5-41.

Merton,R.K.(1957).Social Theory and Social Structure(2nd ed).New York: Free Press.(邦訳,森東吾,森好夫,金沢実,中島竜太郎,ロバート・K・マートン(1961)『社会理論と社会構造』みすず書房

Shapiro,E.,Haseltine,F.,and Rowe, M.(1978).Moving up:Role Models,Mentors,and the patron system. MIT Sloan Management Review 6(1),19-47.

Lockwood,P., & Kunda, Z.(1997).Superstars and me:Predicting the impact of role models on the self. Journal of Personality and Social Psychology,73,91-103.

Gibson, D.E.(2003).Developing the professional self-concept:role model construals in early,middle,and late career stages.Organization Science,14, 591–610.

G.キングスレイ・ウォード(1989)「ビジネスマンの父より娘への 25通の手紙」城山三郎訳 新潮社

シェリル・サンドバーグ(2013)「LEAN IN(リーン・イン)女性、仕事、リーダーへの意欲」村井章子翻訳　日本経済新聞出版社

内永ゆか子(2013)「もっと上手に働きなさい。」ダイヤモンド社

Alexsander,M.(2003)"Boardroom Networks among Australian Directors,1976 and 1996: The Impact of Investor Capitalism,"Journal of Sociology,Vol.39,2pp.231-251.

Uzzi, B. and Dunlap,S.(2005)"How to build your network,"Harvard business Review,83(12): pp.53-60

Ibarra,H.and Obodaru,O.(2009)Women and the vision thing.Harvard Business Review,87(1):pp.62-70

Burke,R.J.(1995)Why are there so few women corporate directors? Women and men see it differently. International Review of Women and Leadership 1(2)pp55-60

Kram,K.E.(1985)"Mentoring at work: Developmental relationships in organizational life"(渡部直登・伊藤知子訳『メンタリング：会社の中の発達支援関係』白桃書房 2003年)

Hewlett,S.A.Peraino,K.,Sherbin,L.and Sumberg,K.(2011)"The Sponsor Effect,"Harvard Business Review Research Report, forthcoming January 2011

Ibarra,H.,Carter,N.M.and Syilva,C.(2010)"Why Men Still Get More Promotions Than Women,"Harvard Business Review,September

Groysberg,B.(2008)"How Star Women Build Portable Skill."Harvard Business Review 86. pp74-81.

Barabási,A,.(2002)"Linked:How Everything Is Connected to Everything Else and What It Means for Business,Science,and Everyday Life,"Perseus Books Group

【著者略歴】
高田 朝子（たかだ・あさこ）
法政大学 ビジネススクール（経営大学院イノベーション・マネジメント研究科）教授

モルガン・スタンレー証券会社を経て、サンダーバード国際経営大学院にて国際経営学修士、慶応義塾大学大学院経営管理研究科にて、経営学修士。同博士課程修了、経営学博士。専門は組織行動、主な著書『人脈のできる人』『危機対応のエフィカシー・マネジメント』（共に慶應義塾大学出版会）『はたらく看護師のための自分の育て方』（共著、医学書院）『手間ひまをかける経営』『女性マネージャーの働き方改革2.0』（共に生産性出版）。

女性マネージャー育成講座

2016年4月27日　第1版　第1刷
2024年1月30日　　　　　第3刷

著　者　高田 朝子
発行者　髙松 克弘
発行所　生産性出版
〒102-8643　東京都千代田区平河町2-13-12
日本生産性本部
電話 03(3511)4034

印刷・製本／シナノパブリッシングプレス
カバー＆本文デザイン／侍グラフィックス
ISBN 978-4-8201-2053-7　C2034